新教学理念下的英语教学研究

王飞 贺文琴 胡婧婧 著

西北工業大學出版社

西 安

【内容简介】 本书内容包括大学英语教学改革、我国英语专业教学的现状分析、英语专业教学转型发展的哲学理念、英语专业教学转型发展的教育学理念、新理念下大学英语教学的文化转向、英语教学模式研究和互联网环境下的英语教学新变化等7章。

本书可作为英语相关专业以及从事相关职业的人员参考。

图书在版编目（CIP）数据

新教学理念下的英语教学研究 / 王飞, 贺文琴, 胡婧婧著. -- 西安 : 西北工业大学出版社, 2020.8

ISBN 978-7-5612-7280-0

Ⅰ. ①新… Ⅱ. ①王… ②贺… ③胡… Ⅲ. ①英语－教学研究 Ⅳ. ①H319.3

中国版本图书馆 CIP 数据核字(2020)第 165523 号

XINJIAOXUE LINIAN XIA DE YINGYU JIAOXUE YANJIU

新教学理念下的英语教学研究

责任编辑：孙 倩 李品阳 **策划编辑：**李 萌
责任校对：朱辰浩 **装帧设计：**吴志宇
出版发行：西北工业大学出版社
通信地址：西安市友谊西路 127 号 **邮编：**710072
电 话：（029）88493844 88491757
网 址：www.nwpup.com
印 刷 者：北京市兴怀印刷厂
开 本：710 mm×1 000 mm 1/16
印 张：12.5
字 数：204 千字
版 次：2021 年 1 月第 1 版 2023 年 4 月第 2 次印刷
定 价：78.00 元

如有印装问题请与出版社联系调换

前　言

随着我国基础教育改革的全面推进，英语课堂教学行为越来越受到学者们的关注，因为课堂教学行为直接影响学生英语学习成效和英语教学质量。目前，学生在学习内容和方式上还比较被动，教师对学生的关注度欠缺，教师的课堂教学应试性强，教师的教育理念与教学行为不一致。基于以上结论，本书对英语教师提出以下改进建议：把关注学习成绩转变为关注学生成长，把关注应试教学变为素质教育，把关注教师自身的教变为关注学生的学。同时，在教师教学工作中，教师要注重学习，善于积累；注重反思，善于总结；注重研究，善于升华；注重互动，善于引导。

本书对当前各种英语教学理念展开分析，对当下让学生们通过阅读积累语言知识，巩固语法，培养语感，扩大词汇量，了解文化知识，进而有效地提高英语的阅读能力。最终，将英语阅读教学的重点转移到对人的素质的培养上来，真正让学生参与到自主学习的课堂氛围当中，让阅读课的教学充满生命力。

本书从当前英语教师在教学活动中的各种教学理念为视角研究课堂教学行为的适切性，通过各种分析方法，结合课堂观察和教师访谈深入一线课堂进行实证研究，为大家提供了大学英语教育改革、我国英语专业教学的现状分析、英语专业教学发展的哲学理念、英语教学发展的教育学理念等内容。

在本书的写作过程中，参阅与引用了多方面的研究资料，已在参考文献注明，有遗漏之处，敬请谅解并向有关作者表示衷心的谢意。

本书由王飞、贺文琴和胡婧婧著。具体分工如下：王飞负责第一章至第三章，贺文琴负责第四章和第六章，胡婧婧负责第五章和第七章。

由于水平和学识有限，书中难免有不当之处，敬请各位专家、学者和读者多提宝贵意见。

著　者

前言

目　录

第一章 大学英语教学改革

当今世界经济全球化和文化多元化的快速发展使英语这门语言的使用日益普遍，英语教学在高等教育中的地位也越来越重要，并逐渐成为高校人才培养的重点课程。但是，受应试教育的影响，我国大学英语教学存在诸多弊端，在传统的大学英语教学模式下，学生运用英语进行交际的实际应用能力普遍较低，已无法满足社会对高质量外语人才的需求。因此，对大学英语教学进行改革势在必行。本章将围绕大学英语教学改革展开论述，从大学英语教学改革的目的与理念入手，以教学政策和教学材料的改革为切入点对其改革的历程进行简要分析，并就其改革的紧迫性做出具体描述，借此对教学改革背景下的大学英语教学有更深刻的认识。

第一节 大学英语教学改革的目的与理念

大学英语教学改革在近年来受到了越来越多人的重视和关注。究其原因，大概有两点：一是其重要性，即大学英语教学对人才培养和国家发展的重要意义；二是其不适应性，即大学英语教学日益显现出来的弊端，已不能满足学生的自身发展和社会的长足进步。因此，对大学英语教学进行改革的呼声越来越高，并从未间断。本节首先分析大学英语教学改革的背景，在此基础上谈及两个问题：一是改革的目的，二是改革的理念，并提出实现大学英语教学改革目的与理念的策略。

一、大学英语教学改革的背景

在谈及大学英语教学改革的目的或理念之前，首先要了解改革的背景。大学英语教学从新中国成立后开始经历了多个时期。在近几十年的发展中，大学英语教学取得了诸多成果，同时也暴露了一些问题。因此，我们可以将社会的发展和大学英语教学本身存在的问题看作大学英语教学改革的动力。

(一) 社会发展

社会的发展是大学英语教学改革的重要推动力。随着经济全球化，全球经济一体化程度的加深，世界范围内的经济合作和文化交流在日益频繁的同时，深度也在不断加深，社会对高质量的跨文化交流人才需求增加。但是，在当前大学英语教学下的高校毕业生的英语能力还远远不能满足社会的需求。

此外，随着社会的进步和人们生活水平的提高，人们对知识的渴求也越来越迫切，对自身受教育的期望值也不断提高。高等教育越来越大众化，高校扩招已是不争的事实。这样的发展趋势也带来了大学英语教学师资力量紧缺，基础教学设施分配不平均等问题。除了加大教师队伍的培训力度外，教学内容、教学方法、教学目标、教学手段、教学评估等方面的改革也势在必行，只有这样，才能适应新的教育形势。

(二) 自身问题

在当前的大学英语教学模式下，培养出的学生多缺乏英语综合应用能力，口语交际能力也明显不足。王守仁教授和王海啸教授曾对全国 530 所高校的大学英语教学现状进行过调查和分析：关于教师队伍，在提供大学英语教师职称情况数据的 467 所高校中，女教师的数量占总数的 80.1%，而教师的职称情况也不尽相同，如表 1-1 所示。

表 1-1　大学英语教师职称情况

职称	人数/人	每校平均/(人·校$^{-1}$)	百分比/(%)
教授	702	1.50	3.3
副教授	4 761	10.19	22.6
讲师及以下	15 587	33.38	74.1
总数	21 050		100

以上数据表明，在当前的大学英语教学中，教师的性别、职称等都是不平衡的，这种不平衡的现象不仅影响教师个人的职业发展，对教学质量的提高也会产生消极的影响。

关于教学评估手段，终结性评估与形成性评估相结合，并注重形成性评估的作用，才能有效提高教学质量。《大学英语课程教学要求》中指出，形成性评估是教学过程中进行的过程性和发展性评估，即根据教学目标，采用多种评估手段和形式，跟踪教学过程，反馈教学信息，促进学生全面发展。王守仁教授和王海啸教授在对众多所高校的英语教学进行调查中，重点考察了学生的课堂表现、平时测试、平时作业、期中与期末考试、网上自主学习表现等在教学评估中的比例，结果如表 1-2 所示。

表 1-2 不同评估手段的重要性

评估手段	很重要/(%)	较重要/(%)	不重要/(%)	总数/人
课堂表现	226(46.2)	251(51.3)	2(2.5)	489
平时测试	95(20.0)	350(73.5)	31(6.5)	476
平时作业	124(25.4)	349(71.5)	15(3.1)	488
期中与期末考试	373(76.1)	111(22.7)	6(1.2)	490
网上自主学习表现	75(18.1)	241(58.2)	98(23.7)	414
口语考试	130(28.0)	262(56.5)	72(15.5)	464

通过表 1-2 中的数据可以看出，虽然与其他项目相比，学生的课堂表现是重要的评估手段的学校有很多，但是大部分也认为网上自主学习的表现是不重要的。这表明，在现阶段的大学英语教学中虽然形成性评估的理念已被人们所接受，但是自主学习的教学方式还要做进一步的推广。

除了教师队伍、教学评估手段，在教学模式方面，《课程要求》中提倡课堂面授和计算机自主学习相结合的方式。但是，在王守仁教授和王海啸教授的研究调查中发现，虽然采用多媒体投影设备教学的现象较为普遍，但是大部分的班级并没有采用“课堂面授+有教师辅导的语言训练”这种教学模式，这说明要实现《课程要求》仍有大量的工作要做(表 1-3)。

表 1-3 不同教学模式的比例

教学模式	所有班级采用/(%)	部分班级采用/(%)	没有班级采用/(%)	总数/人
采用多媒体投影设备	269(54.1)	203(40.8)	25(5.0)	497
采用“课堂面授+网络自主学习”教学模式	147(29.6)	166(33.5)	183(36.9)	496
采用“课堂面授+有教师辅导的语言训练”教学模式	72(15.6)	106(22.9)	285(61.6)	463

二、大学英语教学改革的目的

在了解了大学英语教学改革的背景后，我们就要思考这样一个问题，大学英语教学改革的目的何在？人们既已对教学改革的必要性达成共识，之后便会涉及教学改革的目的问题，下面就对大学英语教学改革的目的进行分析。

《国家中长期教育改革和发展规划纲要》中指出，中国高等教育的人才培养目标是“培养具有国际视野、通晓国际规则，能够参与国际事务与国际竞争的国际化人才”。因此，大学英语教学改革的首要目的就是要提高高等教育人才的培养质量，将中国的高等教育国际化。所谓的“国际化”是指课程的国际化、师资的国际化和学生的国际化。这一目标的提出与我国的国情密切相关。随着经济的全球化，教育的国际化步伐也在逐渐加快，我国正致力于建设人力资源强国，在如此关键的转型时期，更需要教育提供强有力的推动力。

其次，大学英语教学改革的目的是为大学生的个体发展服务。如今社会对高素质的具有创新能力的国际化人才的需求剧增，英语能力已成为学生综合能力的重要组成部分。

因此，只有坚持大学英语教学改革，才能不断适应社会发展的需要和学生个体发展的需要。此外，赵光慧和张杰在《大学英语教学改革：个性化、学科化、中国化》一文中从不同的角度对大学英语教学改革的目的进行了详细的分析。他们指出，当前中国高校的英语教学改革首要目的便是实现“个性化”教学，避免“趋同化”。充分发挥大学英语教学的引领作用，最终实现社会交往中的“学科化”。此外，大学英语教学只有立足“中国化”，才能实现“国际化”。

（一）个性化

要通过大学英语教学改革实现“个性化”教学，首先应克服的最大障碍便是“趋同化”。“趋同化”大致表现在以下几个方面。

首先，教育行政部门是统一的“社会行动主体”。在当今的大学英语教学中，不论是教学方案的制定，教学管理或评价制度的构建，还是教师队伍的培养，教学材料的编写或教学手段的开发等，都是在教育行政部门的统一指挥和监控下进行的，这便是“趋同化”的表现之一。

其次，统一化的教学管理。几乎所有的普通高校都是在教育部制定的统一的培养方案、管理制度和评价体系下进行英语教学，所使用的大学英语教材也不外乎是上海外语教育出版社、外语教学与研究出版社、高等教育出版社及其他几所出版社出版的教材，并没有因为学校的差别和学生层次的不同而选用“个性化”教材。

“趋同化”教学体制的出现与国家的计划教育体制有着某种程度上的联系，其主要的教学核心是“教”而不是“学”。虽然，近些年来“以生为本”的呼声愈来愈高，但是在实际开展教学活动时是有一定难度的。

“个性化”教学要求有灵活变化的“动态”培养方案，即教学方案可以根据不同的学生、学生的不同表现随时进行调整，使方案适应学生，而不仅仅是让学生适应方案。教育行政部门在制定了统一的培养方案以后，只是具有宏观指导的功能，各个学校根据自身的实际情况和学生的层次水平可以调整方案和学制，学生也可以对培养方案提出合理性的建议，实现“教”与“学”之间的“相互理解”。此外，还可以尝试推广分层次大学英语教学。

(二) 学科化

我国当前的大学英语教学主要是围绕“学习语言知识，掌握语言技能”展开的，并且受社会发展的影响，大学英语教学的中心应该转向以实用为目的的教学，即由“学”转向“用”，在“用”中“学”，通过一系列的语言实践，提升语言能力。

就“社会行动”而言，进行“学科化”的大学英语教学是十分有必要的。所谓的大学英语教学的“学科化”，并不是“英语”与“专业知识”或“专业英语”简单相加，而是两者之间的相互融合，是集“实际运用”“英语表达”“学科趣味”，甚至是“学术思维”于一体。大学英语教学“学科化”的有效途径之一就是在普通高校中开设以学科为中心的大学英语博雅课程，学生不仅可以了解与英语学科相关的知识和发展状况的表述，还可以接触相关的学术刊物、栏目等，同时还能为学生提供出国求学的帮助。

大学英语教学改革的最终目的是要走出“外语圈”，改变其从属地位的现状，发挥大学英语教学的引领作用。各高校要在满足学生个性发展要求的基础上，开发多层次、立体式的大学英语教学模式，充分提高学生的英语应用能力和学科研究能力，在逐步提高学生的基本英语技能的同时，逐渐深化其专业英语知识和技能，使其在多个领域都能发挥专业英语水平的优势，力求做到英语“学科化”教学。

（三）中国化

语言具有深层次的思维功能。在当今的大学英语教学中，人们更多关注的是学习英语的思维方式，克服汉语思维方式的消极影响，因此大学英语教学中更加注重以“西化”为特征的教学思维模式，即引进外籍教师，营造学习英语的环境等，或对英语教师进行出国培训，到国外大学进行实地考察等。这种教学思维模式是单向的，而大学英语教学改革的目的就是将单向变为双向互动的过程，既“西化”，又“化西”，即“中国化”。在引进西方思维模式的同时，还要使学生在中西文化的相互碰撞中，了解中华文化的传统，推动中华文化走向世界。

三、大学英语教学改革的理念

在进行大学英语教学改革时应遵循的理念是改革者必须要考虑的问题。我国的英语教学在开始之初是经过“西学东渐”的历史发展而来，是为了挽救民族危机而学习西方的先进文化技术，以求达到富国民强的目的。但是，在当今社会，我国正致力于建设创新型国家和人力资源强国，为适应这种发展趋势，大学英语教学要将培养国家需要的高素质人才作为教育思想，大学英语教学改革中要以中华文化为本，即以“中学为体”，在大学英语教学中传播中华文化，同时学习世界先进的知识与技术，增强中国的软实力。因此，大学英语教学的指导思想便是“传播”与“借鉴”。为了更好地实现这一教育目标，大学英语教学改革要进行全方位地整改，使英语教学朝着特殊化、学术化方向过渡，这就要求改革一方面要强调学生的主体地位，另一方面要提高学生的学习技能。

（一）强调学生的主体地位

知识型时代已经全面到来，社会对于应用型英语人才的需求与日俱增，而受传统教育模式的影响，学生的思维多受到限制，很难适应灵活多变的市场竞争的要求。因此，大学英语教学改革要全面关注英语应用的细节内容，以学生的发展为中心，强调学生的主体地位，依照学生不同的身心发展特征和学习水平，设定相应的职业、人生发展目标，并对应提高其在相应领域的英语综合应用能力和竞争实力，这是大学英语教学改革的基本理念之一。

（二）提高学生的学习技能

英语是传播中华文化，借鉴与吸收西方先进文化与技术的工具，因此大学英语教学要培养学生跨文化交流和学术交流的能力。为与这一教育理念相适应，大学英语教学改革必须改变其教学内容，通过加强阅读教学培养学生“借鉴”的能力，通过加强写作教学培养学生“传播”的能力。

四、实现大学英语教学改革目的与理念的策略

近年来，随着经济全球化发展趋势的日益加强，英语逐渐成为社会发展所需人才的一项必备技能，因此如何在大学英语教学中提高学生的英语应用能力，提高学生的市场竞争实力，是大学英语教学改革中应重点思考的问题。笔者在总结多年的教学实践探索基础上，总结出了以下两点有效实现大学英语教学改革目的与理念的策略。

（一）开创多元化社会实践交流平台

英语只有在“用”中才能学得深入和透彻，学生只有在特定的岗位和工作环境中进行实际操作和训练，通过处理不同的工作失误，接触不同的职务人员，才能了解自身真正的需求和市场的发展方向，也才能从根本上提升其英语对话能力

和人文素质。但是，从当前的大学英语教学改革现状来看，学校为学生搭建合适的社会实践交流平台这一举措进行得并不完善。在部分高校中，英语教学仍局限于简单的课堂讲解和基本的情景演练。此外，课堂教学中也以理论知识为教学的核心，轻实践，不能很好地锻炼学生的英语灵活应用能力。

因此，为有效实现大学英语教学改革目的与理念，一些有能力和条件的高校可以考虑与相关企业建立长期有效的合作关系，共同建立丰富多样的社会实践交流平台，使学生在实际操练中领略英语学习的真谛。

(二) 革新传统的测评模式

对现有的测评模式进行灵活的调整也是实现大学英语教学改革目的与理念的有效策略之一。通过设置不同的语境考核单，为学生自我素养水准客观细致化的鉴定提供依据的同时，也为日后教学改革侧重点进行人性化的变更提供了参考。教师要积极灵活地依照英语课程和市场环境等多种因素的要求，对传统测评模式的路径和难易状况进行革新，真正发挥出测评的功效，为之后实现良好的教学循环过程提供保障。

第二节　大学英语教学改革的历程

大学英语教学的改革是一个发展的过程，不是一蹴而就的，也不是整体性的改革，而是体现在英语教学系统各个要素的改革之中。既关乎教学政策、教学材料的改革，又关乎课程设置、教学模式及师资队伍的改革等。本节就从教学政策和教学材料的改革入手，围绕大学英语教学改革的历程进行分析。

一、教学政策的改革

我国大学英语(含公共英语)的改革与教学政策的改革具有密不可分的关系，这是由我国现实的国情决定的，核心教学政策对全国高等院校的大学英语教学有着重要的指导、引领和规范的作用。表 1-4 是两类核心政策文本的演变情况。

表 1-4　核心教学政策文本演变情况

颁布或出版时间	名称	备注
1962 年 6 月	《英语教学大纲(试行草案)》	供高等工业学校本科五年制各类专业使用，是新中国成立后的第一份大学英语教学大纲
1980 年 8 月	《英语教学大纲(草案)》	高等学校理工科本科四年制试用，是改革开放后的第一份大学英语教学大纲
1985 年 2 月	《大学英语教学大纲(高等学校理工科本科用)》	
1986 年 3 月	《大学英语教学大纲(高等学校文理科本科用)》	
1987 年	《大学英语四级考试大纲及样题》 《大学英语六级考试大纲及样题》	1987 年 9 月和 1989 年 1 月分别举行了首次大学英语四级考试和大学英语六级考试
1994 年 3 月	《大学英语四级考试大纲及样题(增订本)》 《大学英语六级考试大纲及样题(增订本)》	
1999 年	《大学英语口语考试大纲及样题》	1999 年 5 月，全国大学英语四、六级考试口语考试开始在部分城市开展
1999 年	《大学英语四、六级考试口语考试大纲及样题(附考生手册)》	
1999 年 9 月	《大学英语教学大纲(修订本)(高等学校本科用)》	不再分文理科和理工科，教学阶段分为基础阶段和应用阶段
2004 年 1 月	《大学英语课程教学要求(试行)》	培养学生的英语综合应用能力，特别是听说能力
2004 年	《大学英语四、六级考试口语考试大纲及样题(附考生手册)(第 2 版)》	
2006 年	《大学英语四级考试大纲(2006 修订版)》 《大学英语六级考试大纲(2006 修订版)》	2006 年 12 月起，全面实施新题型四级考试；2007 年 6 月起，全面实施新题型六级考试
2007 年 7 月	《大学英语课程教学要求》	

由表 1-4 可以看出，在公共英语阶段(1949—1984 年)，核心教学政策文本的演变是比较缓慢的，而到了大学英语阶段(1985 年至今)，其演变的速度逐渐加快。

有学者将公共英语的发展历程又进一步划分为两个小阶段。

第一阶段称为“起步与辗转阶段”(1949—1977 年)。

第二阶段称为“恢复与发展阶段”(1978—1984 年)。

大学英语阶段的发展历程也可以进一步划分为两个小阶段。

第一阶段称为“发展与稳定阶段”(1985—2001 年)。

第二阶段则称为“改革与提高阶段”(2002 年至今)。

下面分别对各个阶段的大学英语教学政策进行简要分析。

(一) 起步与辗转阶段

在起步与辗转阶段，仅有一份核心的英语教学政策文本——《英语教学大纲(试行草案)》，其于 1962 年 6 月经教育部颁布并实施。该大纲规定公共英语教学对象是“中学学过三年英语的学生”，教学目的是“为学生今后阅读本专业英语书刊打下较扎实的语言基础”，其对当时公共英语教学的制度化和规范化产生了重要的影响。

总结来说，该大纲具有以下四方面的特点。

首先，以阅读为教学目标。

其次，教学内容以科技英语为主。

再次，教学目的是给学生打语言基础。

最后，注重实践的作用。

(二) 恢复与发展阶段

恢复与发展阶段的重要英语教学政策是《英语教学大纲(草案)》，于 1980 年 8 月经人民教育出版社出版发行。该大纲将公共英语教学分为基础英语教学和专业阅读教学两个阶段，并对教学要求、教学目的、教学安排等做出了论述。与 1962 年的《英语教学大纲(试行草案)》相比，该大纲在教学要求方面提出了更高的标准，并规定公共英语基础英语教学阶段的教学目的是“为学生阅读英语科技书刊打下较扎实的语言基础”，专业阅读教学阶段的教学目的是“使学生具备比较顺利地阅读有关专业的英语书刊的能力”。

《英语教学大纲(草案)》是一份过渡性的大纲，对改革开放初期公共英语教学的恢复和发展有重要的促进意义。

(三) 发展与稳定阶段

根据表 1-4 可知，在发展与稳定阶段共出现了七份重要的核心政策文件。总的来说，在课程政策方面，以往的理工科、文理科分立逐渐演变为各学科合流，形成了统一的高等学校本科用的大学英语教学大纲。

其中，《大学英语教学大纲(高等学校理工科本科用)》和《大学英语教学大纲(高等学校文理科本科用)》与起步与辗转阶段和恢复与发展阶段的教学大纲相比，内容更加完整和详尽。二者的结构大致相同，教学要求和教学安排等也基本一致，理工科大纲中教学目的是“培养学生具有较强的阅读能力、一定的听和译的能力及初步的写和说的能力”，是将英语作为学生“获取专业所需要的信息”的工具，并“为进一步提高英语水平打下较好的基础”。文理科大纲中教学目的仅比理工科大纲中少了“译的能力”。此外，两份大纲中的正文部分都分为六个方面。

(1) 教学对象。

(2) 教学目的。

(3) 教学要求。

(4) 教学安排。

(5) 大学英语教学中需注意的几个问题。

(6) 测试。

此后，有关大学英语四、六级考试以及口语考试为主体的大学英语考试体系逐渐确立，并在 1999 年制定了统一的《大学英语教学大纲(修订本)(高等学校本科用)》。

(四) 改革与提高阶段

在改革与提高阶段共出现了四份重要的核心政策文件，在课程政策方面有《大学英语课程教学要求(试行)》与《大学英语课程教学要求》，在考试政策方面有《大学英语四、六级考试口语考试大纲及样题(附考生手册)(第 2 版)》《大学英语四级考试大纲(2006 修订版)》与《大学英语六级考试大纲(2006 修订版)》。

《大学英语课程教学要求》将大学英语教学视为“高等教育的一个有机组成部分”，是“大学生的一门必修的基础课程”，它在正文部分阐述了大学英语教学的性质与目标、教学模式、教学要求、教学管理、教学评估、课程设置等方面。《大学英语课程教学要求》有以下五个特点。

(1) 重新阐释了课程要求与教学大纲的关系。

(2) 体现了当代教学的理念。强调互动与建构，解构与反思，对话与阐释，过程与主体。

(3) 提高了教学要求，同时具有统一性与个体性。

(4) 要求创新课程体系，改进教学模式。提出了“采用基于计算机和课堂的英语教学模式”。

(5) 强化教学管理，倡导多元教学评估。教学评估有形成性评估和终结性评估两种形式，此外还包括对教师的评估。

三份关于大学英语考试政策的大纲明确阐释了四、六级考试和口语考试的考试性质、考试目的、考试形式、考试对象、考试内容等。其中，将大学英语考试的性质阐释为“在教育部高等教育司的主持和领导下，由全国大学英语四、六级考试委员会设计和开发，与教育部考试中心共同实施的一项大规模标准化考试”。并且规定了大学英语考试的目的在于“准确衡量我国在校大学生的英语综合应用能力，为实现大学英语课程教学目标发挥积极作用”。

通过对上述三份大学英语考试政策的分析，可以总结出其四个特点。

(1) 考试具有“政府主导、全国统一”的特征。

(2) 都确定了考试属标准相关的水平考试。

(3) 都强调了考试对教学的反拨作用。

(4) 都将考试设定为有一定门槛限制的终结性考试。

二、教学材料的改革

教学材料是影响英语教学的重要因素，教材的编写与设计既影响着教师教学方法、教学模式的选择，也影响着学生的学习活动。不进行教学材料方面的改革，大学英语教学改革就不能持久地向纵深方向发展。因此，教学材料的改革已成为大学英语教学改革中的一项重要任务，是改革的基础和关键，也是不能回避的问题。

概括来说，我国大学英语教学材料的改革大致经历了初始阶段、探索阶段、发展阶段和提高阶段四个阶段的发展。每个阶段的教材都有其鲜明的特点，下面进行具体的分析。

(一) 初始阶段

我国大学英语教材在初始阶段的发展大致从 1961 年起至 1966 年。新中国成立以后，华东人民政府高等教育委员会颁布了《大学专科学校文法学院各系课程暂行规定》，对其七个系的基本课程和选修课程做了规定，涉及文学、哲学、法学、历史学、经济学、政治学、教育学，并提出各个系的外语课要尽可能开设俄文课。到 20 世纪 50 年代中期，高等学校的公共外语课仍是以俄语为主，在 20 世纪 60 年代后期，学习英语的学生人数才不断增加，公共外语课逐渐转向以英语为主。

在教材的编写方面，20 世纪 50 年代时我国还没有全国范围内统一使用的大学英语教材，学生在公共英语课上所使用的多是由本校英语教师所编写的非公开出版的英语讲义。

1962 年，第一套较有影响的大学英语教材——《高等工业学校英语》由商务印书馆正式出版并公开发行，该教材是根据 1962 年发布的适用于高等工业学校本科五年制各类专业的《英语教学大纲(试行草案)》编写的。

20 世纪 60 年代的大学英语教材中还有复旦大学董亚芬主编的文科非英语专业使用的《英语》和上海第二医学院谢大任主编的《医学英语》。

这一阶段的英语教材受当时教育学和心理学理论的影响，基本上以语法为纲，有的则吸收了结构主义的成分，强调句型操练，并侧重于培养阅读能力，其他方面的能力则很少顾及。而且，当时的公共外语教学松散，没有统一的教学目标和全国范围内的考试，教材的编写与选择也各自为政。

（二）探索阶段

我国大学英语教材的探索阶段是从 1979 年到 1985 年，该阶段的教材改革基本上仍遵循传统模式，以课文为中心，以语法为纲要，但在教学形式上有所突破。

1978 年，教育部在湖南大学召开了关于全国各个高校在外语教学方面的工作会议，会上讨论了在探索阶段外语教材编写工作的有关问题。同年，在北京召开了全国外语教育座谈会。会议总结了新中国成立以来外语教育的正反两方面经验教训，还就教材编写、科学研究等方面进行了初步的规划。1979 年在上海召开了科技英语研讨会，全国有 40 多所院校的代表参加了会议，会上探讨了有关公共外语的教学工作。这次会议的召开意味着公共外语已经成为教学中的一个重要领域。之后，1980 年《英语教学大纲(草案)》的通过预示了大英语教学改革的开始。

十一届三中全会提出了实行对外开放等一系列的方针政策，引起了全社会对外语的重视。在本次会议召开不久，教育部下达了《加强外语教育的几点意见》，规定了外语教育的方针，与实际相符，受到了教育界的广泛欢迎，引起了全国范围内的外语学习热潮。

在教材的编写方面，初始阶段旧的大学英语教材已被彻底否定，各校纷纷在“结合典型产品组织教学”的教育方针指导下，将英语与某个专业相结合进行教材的编写，如机械英语、焊接英语、柴油机英语等。其中，一部分教材在 20 世纪 80 年代初期才公开出版。例如，《机械英语自学读本》(上海科技技术出版社，1981)和《焊接专业英语文选》(广西人民出版社，1983)等。

十一届三中全会以后，受改革开放政策的影响，大学英语教学也迅速恢复和发展起来，大学英语教材如雨后春笋般涌现。

从 1977 年起，大学英语教材进入了恢复阶段。1977 年，人民教育出版社(现高等教育出版社)出版了大连海运学院主编的《基础英语》(共两册)。这套教材对于当时普及和提高大学生英语水平有着积极的作用。1978 年，其又出版了天津大学主编的《英语》(共两册)并在随后的一年中出版了上海交通大学主编的《英语》(共三册)。此外，这一阶段的大学英语教材还有北京大学杜秉正主编的《英语》(共二册)和南开大学蒋增光、钱建业主编的《英语》(共四册)以及复旦大学外文系文科英语教材编写组编写的《英语》(高等学校文科教材，非英语专业用)等。

随着英语教育事业的恢复,大学生的英语基础和水平都有了一定程度的提高。因此，一部分教材编写者开始将英语的教学提高到了语篇的水平，而不仅仅局限于理解句子的含义。这一理念在上海工业大学主编的《英语》(1979)这一教材中体现得较为明显，该教材增加了阅读理解方面的练习。

受国外外语教学思想的影响，一些院校开始研发新的大学英语教材。这一时期的教材主要有上海交通大学吴银庚主编的《英语》(理工科通用，共四册)，清华大学陆慈主编的《英语教程》(理工科用，共四册)等。

20 世纪 80 年代初期，随着国内“英语热”的兴起，大学生的基础英语水平有了很大的提升。1983 年的一项调查显示，有 81%的人已经掌握了超过 1 400 个词汇，因此吴银庚主编的《英语》(起点词汇量为 700)和陆慈主编的《英语教程》(起点词汇量为 450)已不再适应教学实际的需要。1983 年以后，部分院校开始将一些国外编写的英语教材与这两套国内教材配合使用。这些英语教材主要有 *English for Today*，*Reading and Thinking in English*，*New Concept English*，*English through Reading* 等。

概括来说，这一阶段的英语教材主要有以下三个特点。

第一，教材从一定的词汇量起点开始编写，这与大学新生在入学时就有一定的英语基础有关。

第二，大学英语教学的目的仍以提高阅读能力为主，但同时对听、说、写的能力培养提出了一定的要求。

第三，教材的编写注重培养语言的实践能力。

(三) 发展阶段

第三代教材从 1986 年到 20 世纪 90 年代中期，教材开始分为精读、泛读、快速阅读、听力、语法与练习等系列教材。

十一届三中全会以后，全社会出现了学习外语的热潮，我国的大学英语教育也得到了空前的发展，集中体现为以下几个方面：

(1) 实现了多语种的教学，至 1984 年底，全国开设的外语语种共有 34 个。大多数的外语院系都有英、俄、法、德、日语。

(2) 外语师资队伍壮大，达几十万人。

(3) 外语教学科研队伍初步形成，如理工科公共外语教材编审委员会、高等学校外语专业教材编审委员会、学报编辑等。

(4) 建立印刷出版基地，出版了大批外语教材、教学参考书、词典等书籍。

此外，《大学英语教学大纲(高等学校理工科本科用)》和《大学英语教学大纲(高等学校文理科本科用)》与之前的教学大纲相比更加详尽和完善，体现出了以下特点：

(1) 提出了较高的教学要求。

(2) 重视语言共核教学，打好语言基础。

(3) 强调培养学生运用语言进行交际的能力。

(4) 实行分级教学。

(5) 定性定量化。

(6) 举行国家考试。

在此背景下，根据以上两份教学大纲编写的新一代大学英语教材有以下几种。

G. R. Evans 和 D. Watson 编写，由麦克米伦出版公司(Macmillan Publishers Ltd.)和高等教育出版社于 1986 年联合出版的《现代英语》(*Modern English*)，其有三种教程：读写、泛读和听说。

上海交通大学杨惠中主编，由高等教育出版社在 1987 年正式出版的《大学核心英语》(*College Core English*)，其有《读写教程》和《听说教程》两种，还配有《词汇练习册》。

清华大学科技外语系主编，由清华大学出版社于 1987 年出版的《新英语教程》(New English Course)，其分为《英语阅读》和《综合英语》两种。

由复旦大学、北京大学、华东师范大学、武汉大学等高校合作编写，复旦大学的董亚芬教授担任总主编，上海外语教育出版社于 1992 年正式出版的系列教材

《大学英语》(*College English*)(文理科本科用)。这是第一次采用系列教材的形式进行编写，分为《泛读》《精读》《听力》《快速阅读》《语法与练习》五种教程。这一系列教材受到了广泛的欢迎。为了适应教学的需要，在 1997 年出版了修订本，标志着我国大学英语教材的编写进入了一个较为成熟的阶段。

总体来说，这一阶段的大学英语教材有以下特点：

首先，按照教学大纲编写，各套教材的主体教程都分为六册，以符合教学大纲所规定的 1～6 级的教学。

其次，教材突破一本书的传统，开始向系列化发展。

最后，有明确的指导思想。遵循《大学英语教学大纲》的教学思想，开始重视语言交际能力的培养，在继续注重语言基础训练和阅读能力的培养的同时，普遍加强了听的训练，对说、写、译也予以关注。

(四) 提高阶段

第四代教材从 20 世纪 90 年代后期开始，出现了许多具有时代特征的教材。这些教材开始利用现代信息技术，从纸质平面教材向以多媒体网络为依托的立体式教材方向发展，但传统的教学模式仍未打破。

20 世纪 90 年代后期，随着教学改革的进一步发展及新的教学理念的提出，我国的大学英语教材开始出现了百花齐放、百家争鸣的局面。这一阶段的教材各具特色，使用较多的主要有以下几本。

1986 年出版的董亚芬主编的《大学英语》，其在 1997 年秉着“面向 21 世纪，将大学英语教学推上一个新台阶”的修订宗旨进行了第一次修订。

浙江大学应惠兰主编，由外语教学与研究出版社于 1998 年出版的《新编大学英语》(*New College English*)。这套教材有学生用书，也有教师用书，并且其起点较高，适合英语基础较好的学生使用。

翟象俊、郑树棠、张增健主编，1999 年由复旦大学出版社、高等教育出版社联合出版的《21 世纪大学英语》(*The 21st Century College English*)。该教材共 4 册，词汇量大，生词较多，同样适合于英语基础较好的学生使用。

由季佩英、吴晓真主编，上海外语教育出版社于 2001 年 7 月出版的《大学英语》全新版(*College English New Edition*)。该套教材起点较高，同样适合英语基础较好的学生使用。

郑树棠主编，由上海外语教学与研究出版社于 2001 年 12 月出版的《新视野大学英语》(*New Horizon College English*)。它是国务院批准的教育部“面向 21 世纪振兴行动计划”的重点工程——“新世纪网络课程建设工程”项目之一，其受到了社会各界的关注，拥有专用的语料库。

总结来说，第四代大学英语教材的共同特点是更重视提高学生的英语应用能力。除了学生课堂用书外，还配有教师用书、练习册、挂图、卡片、录像带、多媒体光盘、课件等，教材的概念已从书本延伸到多媒体课件。它们都以现行教学大纲为中心，又各有特色，进行了多种不同的尝试。

目前，随着高校的扩招，大学新生英语语言基础的差距不断拉大，大学各个专业对英语水平的要求也多有不同，此外大学生的自身发展需求在发生深刻变化。总体而言，学生对大学英语的需求越来越高，同时呈多元化倾向。当前，全国范围内高校所用大学英语教材主要有如下几套：《新编大学英语》《全新大学英语》《新视野大学英语》《大学体验英语》和《21 世纪大学英语》等。毫无疑问，上述教材均为目前国内最优秀的教材。其中“读写教程”或称“综合教程”的体系、篇章形式体现了主题教学、任务教学的新理念，在追求趣味性、实用性等方面做出了不懈努力。但在新的形势下，总体而论，大学英语教材的形式与内容仍不能满足学生的需求。

第三节　大学英语教学改革的意义

从新时期《大学英语课程教学要求》颁布以来，我国的大学英语教学取得了巨大的进步，教学设施不断改善，大学生的英语水平也在逐年提高。大学英语教学在培养了无数复合型人才的同时，还促进了我国的对外开放和交流。但是，与此同时，我国多年来的大学英语教学也存在着一些问题，这也使大学英语教学改革的进程更加紧迫。本节就从大学英语教学的现状入手，分析大学英语教学改革的紧迫性，并提出新的要求。

一、大学英语教学的现状

（一）大学英语教学发展不平衡

我国地域辽阔，各地区间的经济、政治、文化发展水平多有差异，这些差异体现在教育方面则表现为学生的英语基础水平，认知能力，理解能力，记忆能力等都相差较大。除地区间的发展不平衡以外，大学英语教学在听、说、读、写、译等各能力的培养力度上也是不平衡的。2007 年的《大学英语课程教学要求》中将大学英语课程的性质阐述为“不仅是一门语言基础课程，也是拓宽知识、了解世界文化的素质教育课程，兼有工具性和人文性”，其提出大学英语教学的目标是“培养学生的综合应用能力，特别是听说能力，使他们在今后工作和社会交往中能用英语有效地进行交际”，但是从大学英语教学的现状来看，我国大学生的这一交际能力还有很大的提升空间。

（二）教学资源匮乏

虽然随着社会经济的发展和社会对教育投入的增加，当前国内高校的英语教学资源与 20 年前相比有了很大的改善，但是，随着高校的扩招，大学生数量的快速增长，教师队伍与教学资源已经不能满足如此巨大的需求，尤其是教学资源的匮乏越来越突出。教学资源匮乏主要表现在以下三个方面。

首先，教师和学生真正需要的教学材料和资源很少，当前使用的教学材料不能满足学生的学习需求。

其次，市面上大多数应试辅导资料都存在误导教师教学和学生学习的情况。

最后，教材的相关性较差，缺少联系和系统性。很多高校为了平衡各家出版社的利益，会使用两家或两家以上出版社出版的教材，但是这些教材之间相关性较差，多数都没有运用到英语教学实践中去。如果听说课程与读写课程中使用的是不同系列的教材，学习的整体性就会受到影响，不利于建立起语言输入与输出的关系。

（三）应试教育思想明显

当前的大学英语教学一定程度上受到了四、六级考试的影响，有的英语教材甚至将通过四、六级考试作为编写的目的。例如，有些英语教材在前言中就提到本教材中含有类似四、六级考试题型的练习，或将某一课时专门设计成四、六级考卷的形式；有些教材则提到在前几册教材中包含全部的四级词汇，在后几册教材中包含全部的六级词汇。蔡基刚教授也曾指出，当前的几乎所有的大学英语教材在教授词汇时都以四、六级词汇为主，并且教材的练习题形式也与四、六级考试题型相似，有的甚至直接插入四、六级考试的真题。这种受考试的影响而编写教材的做法是本末倒置的。

二、大学英语教学的最新要求

20 世纪 80 年代以来，一些新的外语教学观、教师观、学生观、人才观等相继出现，不仅对大学英语教学提出了新的要求，同时也为大学英语教学改革指明了方向。

（一）着眼于人的全面发展

人本主义教育观以学习者的发展为中心，强调学习者的主体地位，认为每一位学习者都具有无限的学习潜能。学习者是独立的个体，具有主观能动性，因此教学要以学习者为中心，学习者与教师对学习都有控制、指挥权，共同承担教学责任，教学内容要符合学习者的学习动机，满足学习者的学习需求。因此，大学英语教学要注重学生的全面发展，使其能够在知识经济的时代灵活地运用学到的知识创新性地解决问题，并具有持续学习的能力，不断完善自己，做到终身学习。

关注学生的全面发展就要提高其综合语言运用能力。综合语言运用能力是建立在语言技能、语言知识、文化意识、学习策略、情感态度等素质的综合发展基础之上的，如图 1-1 所示。

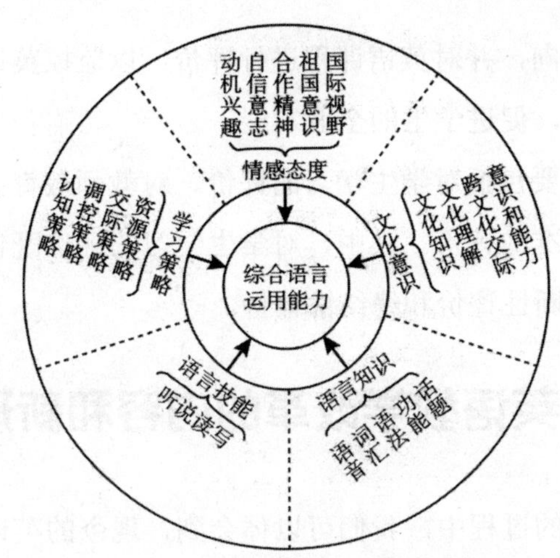

图 1-1 综合语言运用能力的基础

教师还要在英语教学中注重情感教学，承认学生间的差异和个性，充分发挥学生的主体作用，努力营造和谐的课堂教学气氛，关爱学生，注重情感交流。

(二) 充分利用 IT 技术

IT 技术(Information Technology)，即信息技术，现已影响着人们生活的方方面面，在教育领域也引起了极大的变革。在大学英语教学中充分利用 IT 技术，可以将英语课堂变为充满活力与创意的学习场所。在设计英语教学的情景时充分利用多媒体技术、网络技术，使图文声像并茂，形式多样，既可以提高学生的学习积极性，发挥他们的主体作用，又能够使其在相对真实的学习情景中，通过多种模拟手段，提高英语的实践能力。

IT 技术的运用也使英语课堂的教学空间形式发生了变化。在专门的计算机室进行英语授课时，学生的座位呈环形排列或呈若干个小圆形，可以降低了师生间的距离感，在这种宽松的教学环境中，学生的学习主动性和个性特点也能够得到最大限度的发挥。

(三) 采用科学的评价方式

在传统的英语教学模式中，所采用的评价方式往往是单一的，以笔试的形式为主。随着教育价值观的变化，大学英语教学要求关注学生的发展，以学生的发展需要作为教学的导向，并对英语课程进行评价，以监控英语教学的效果，获得反馈信息，改进教学，促进学生的全面发展。

英语课程评价主要包括对学生学习的评价、对教师教育教学的评价及对学校组织实施英语课程标准的评价。其中，对学生学习的评价既包括定位性评价、形成性评价，又包括诊断性评价和终结性评价。

第四节　英语教学改革的内容和新形势分析

在实际学习英语的过程中，我们可以体会到，现今的英语教学改革虽说取得了一定的成就，但仍存在一些的问题。在国民对英语日趋重视的时代潮流下，可以发现大多数人对现有英语教学体制的不满，也就是说现在的英语教学模式过于陈旧，不能满足随着时代发展而产生的学习英语的新需求。为了解决这样的困境，对英语的教学模式进行改革成为必然，而为了更好地推进改革，对改革的内容和新形势进行相应的分析和探讨就至关重要。

一、教学观念的转变

要想彻底地对英语教学进行改革，首先要摒弃传统教学观念的一部分内容，主要包括教学目标的转变和教学主体的转变两方面的内容。

（一）教学目 标的转变

在我国刚开始开展英语教学的时候，由于教师素质的局限和社会的需求等原因，造成了我国英语教学看重语言知识、阅读写作，而轻视语言技能、听力口语的现象。但是，语言的本质是用来沟通交流的，而不能仅限于对语言知识和应试能力的培养。随着全球化的进一步加深，对我国学生的英语综合能力有了更进一步的要求，现在市场上最为缺乏的是同时具备听说读写综合英语能力的人才，那些只具备英语读写能力的求职者，并不具有竞争优势。因此，英语教学的目标必须进行转变，要以培养大学生的语言技能为中心，着重培养学生的听说能力，从而培养出具备英语综合能力的高素质人才，以适应社会的发展变化。

需要指明的是，英语教学在传授给学生语言知识的同时，要注重对学生语言能力的培养，两者具有同等重要的地位。要想学好一门语言，大学生必须在学好语言知识的基础上，提高自身应用语言的能力。只有这样，才能更为扎实地掌握英语，运用英语进行沟通交流。

同样的道理，重视对学生听说能力的培养，并不意味着要偏废对学生读写能力的培养。我们应该明白的是，英语的听、说、读、写、译五项技能是有机地结合起来的，只有全面提高这五项技能，才能保证英语总体水平的提高。

(二) 教学主体的转变

大学英语教学要革新原来以教师为主导的教学模式，把学生看作是教学的主体。在传统的英语教学课堂中，教师充当着主导者的角色，学生的学习接受过程相当地被动，这样的教学模式造成学生的思维惰性，学生不能牢固地掌握教师在课堂上传授的知识点，其听说能力也没有得到提高。

要想更好地提高学生的英语综合能力，英语课堂的授课方式要以学生为主体，教师应退居其次，引导学生积极主动地进行学习，注重对学生学习能力的培养，“授人以鱼不如授人以渔”，只有这样才能在根本上改善大学生英语水平低下的问题。

二、教学内容的改革

(一) 建构个性化英语体系

建构主义学习理论的核心要求是对英语课堂教学内容进行改革，在改革的过程中，主要的理论依据是认知理论。在经济文化全球化的背景下，为了更好地培养学生的英语综合能力，建构个性化的英语语言体系势在必行。

英语教学的改革是为提高学生的英语能力服务的。英语综合能力主要包括听、说、读、写、译五个方面的技能，影响这五种技能习得的要素主要有语音、词汇、语法、文化、语境等。因此，英语课堂的教学内容应具有一定的科学性和合理性，帮助学生在潜移默化中建立适合自己的语言体系，并通过对英语这门语言的不断应用，来提高自己的语言能力，从而达到英语教学改革的主要目标。这就要求，英语教师在授课过程中，首先，要借鉴功能语言学、认知心理学等新式教学理论的最新科研成果，并根据不同的教学对象，选择适合其学习的教学内容；其次，要有计划地展开教学活动，将最终想要取得的目标，划分为阶段性的小目标，形成适合学生的英语语言知识体系；再次，英语教师在授课中要注意对英汉两种语言进行对比分析，从而使学生更好地理解英语的语言规则；最后，教师要帮助和引导学生回顾自己在上一阶段的英语学习中已经习得的知识点和语言能力，帮助他们设计适合自己的指标体系，更好地促进学生的学习积极性。

（二）增加语言文化的内容

语言和文化密不可分，一种民族的语言承载着该民族特有的文化传统。因此，语言的学习不仅仅是语言知识的学习，还要对该语言所承载的文化有一定的了解。学习者对一门语言的学习受到其所掌握的这门语言文化的影响，掌握的文化知识越多，也就越有利用对这门语言的学习，反之亦然。因此，英语教学者在教学过程中要把英语知识的教学和英语文化的教学放在同等重要的地位。只有这样，学生掌握的英语知识才能化为生活中可以运用的活知识，加深学生对英语语言的理解。

三、教学方法的改革

传统的教学方法主要有语法翻译法(Grammar-translation Method)、直接法(Direct Method)、听说法(Audio-lingual Method)和交际法(Communicative Approach)。这些教学方法产生于特定历史时期对英语教学的要求，曾经对英语教学产生了巨大了影响。但是随着时代的发展，一些教学方法显得过于陈旧，不能满足新时代对英语教学的要求。

为了响应英语教学改革的号召，近几年，从国外引进了一些新的英语教学方法，使我国的英语教学焕发出新的生命力。但是一些英语教学者过分注重采用外来的教学法，摒弃了所有的传统教学法，使得英语教学过于僵硬，并不适应我国英语学习的基本情况。我们需要明白的是，英语教学方法的采用并不是一劳永逸的事情，要充分考虑不同的时代背景、历史背景和教学对象的个体差异性，从而对教学方法不断进行相应的调整，在实践过程中，探索出最合适的教学方法体系。在这个过程中，英语教师可以参考一些新型的教学方法，对自己的教学体系做出一定的调整。下文对一些新型的教学方法做些简单的介绍。

（一）语域分析教学法

在不同的学科领域，语域差别指的是同一个英语单词可能具有截然不同的词义的现象。如，solution 常见的词义是“解决办法”，在数学学科中被译为“解，解法”；在法律领域中被译为“债务清偿”；在化学领域中被译为“溶解；溶液”；在医学领域中被译为“消散，消肿”。这就要求英语教师要在特定的语域中教授学生一定的语言知识，使学生更加精确地领会英语语言知识。

（二）体裁分析教学法

在学习英语的过程中，我们要首先知晓的是，为了达到特定的交际目的，不同的英语语篇具有一定不同的体裁特征。因此，教师可以通过对体裁的分析，引导学生掌握不同语篇中语言的逻辑层次具有的不同特点，从而更好地掌握英语语言的结构框架。

（三）互动交际教学法

哈钦森和沃特斯(Hutchinson＆Waters)强调，语言学习需要学习者的主动参与。这一观点得到了建构主义者的认同，其认为，在学习过程中，要发挥合作的作用，这样才能实现学习的意义。立足于当前的时代背景下，英语教学不能局限于对学生英语知识的传授，更要注重培养学生用英语交际的能力，互动交际教学法关注的就是这一点。在互动交际的教学实践中，教师可以开展角色扮演、小组讨论、竞赛、游戏等活动，使学生在参与的过程中扎实地掌握英语知识。

四、教学手段的改革

（一）初级阶段

在我国开展英语教学之初，教学手段非常简单，一张黑板和一支粉笔就已经是全部了。为了加深学生的理解，也有的英语老师会用实物、图画、卡片来辅助教学。随着英语教学的革新，教学手段也得到了一定的提高，但在这个过程中，黑板自始至终发挥着不可替代的作用，它有现代技术无法取代的优势和特点。

随着科技的进一步发展，一些电化教具也逐渐出现在了英语课堂上，如收音机、投影仪、录音机及磁带、录像机及录像带等，这些工具在一定程度上提升了英语教学的总体水平。

（二）语言实验室

语言实验室指的是具有通信系统的电化教室，主要由一些像录音机、录像机这样的现代化视听电教设备所构成。20 世纪 70 年代中期，在英语教学中，语言实验室发挥了重要的作用。语言实验室对于英语教学具有诸多的优势，如可以营造适合学习的语言氛围，便于学生的自主学习和老师教学活动的开展。

（三）计算机辅助外语教学

20 世纪 60 年代至 80 年代，计算机辅助外语教学(Computer Assisted Language Learning)逐渐应用于大学课堂，由于其具有效益高、更为便捷的优势，发展十分迅速。截止到目前，用计算机进行英语课堂教学经历了三个发展阶段，在第一阶段计算机充当教学辅导员，在第二阶段计算机担任学生角色，在第三阶段是网络英语教学。

五、考试形式的改革

目前，我国的英语考试形式主要是笔试，但是笔试只能考查学生的读写能力，对听力的考查不足，口语能力更是无从考查。因此，在对英语的考试形式进行改革时，要重点关注学生的听力和口语。

第一，改革听力考试。要改变现在英语听力考试题型单一的现状，设置多样的题型对学生的听力进行全面的考核。可以在进行阶段性考试时，把题型设定为：听单词和词组、听句型和句子、听对话、听课文或短文、听小故事或小幽默等。

第二，组织口语考试。教师要根据学生学过的知识，开展一定的口语测试，改变四六级考试和期终考试不考查学生口语的现状。只要举行一定的口语考试，才能引起学生对口语的重视，增加对口语的学习投入，从而提高英语综合能力。

第二章　我国英语专业教学的现状分析

第一节　课程设置情况

课程设置是教学活动的主要载体，具体指的是各级各类学校依据一定的培养目标，选择课程内容，确定课程门类、学分和教学时数，以及编排学年及学期顺序，形成合理课程体系的过程。因此，作为教学活动主体的课程设置就成为高校英语专业教学转型改革发展的主要内容，各级各类高校依据《大纲》的基本原则要求和指导思想，围绕本校、本学科专业特色的建设和发展定位，调整英语专业的课程设置，有效地对高校人才培养的需求进行分析，整合各种教学资源，按照本校具体的英语专业教学改革规划，确立英语专业课程体系，并确保不同专业资源、不同层次与不同需求的学生在英语的综合应用能力方面能够得到充分的训练与提高。

《纲要》与《大纲》对高校的课程设置都提出了明确的改革意见，并对英语专业课程做出了“必修课程”与“选修课程”的区别，因此，本书对我国英语专业课程的分析就从这两方面展示。

一、英语专业必修课程设置情况

国家教育教学法规要求给予高校英语专业必修课程充足的学时和学分，并鼓励高校在英语专业教学的课程中对现代信息技术多加利用，可以开发和建设各种建立在现代信息技术的网络课程，运用现代技术保障学生有充分的自主学习性，同时也可以满足不同学习起点学生的个性化学习需求或专业性发展需求。

有学者在 2000 年和 2015 年通过问卷调查的方式对全国十多所高校的英语专业课程设置情况分别进行了调研，并对其中设置为必修课程的开设学期时长、学分、学时和课程类型四方面做了重点对比。

第一，在开设学期方面。2000 年，英语专业必修课程开设 4 个学期，凸显了各高校将英语作为一门通识必修课的重要地位；到 2015 年，大多数高校还是设置了 4 个学期的英语必修课，但同时也有部分高校将大学英语压缩到了 3 个学期的时间内，而在压缩出的时间外为满足学生个性化英语学习的需求，开设了各式英语选修课。第二，学分方面。2000 年，高校设置的英语必修学分是 16～24 分；到 2015 年，英语必修课程的学分拓展到 8～24 分。第三，课程的学时设置上，2000 年，每周设置 4～6 学时；2015 年，每周设置 2～6 学时。2000 年，高校在英语专业课程中设置的学分和学时都比较充足，表明各高校对英语专业普遍高度重视；而到 2015 年，学分和学时的设置下限都有所降低，但大体还较为稳定。第四，课程类型方面。2000 年，受听说领先外语教学理念的影响，高校的英语专业课程类型以精读课为主，精读课包括泛读、快速阅读等形式，有的学校在精读课中安排一定的听力教学内容，还有的高校单独开设有听力课，突出交际法；2015 年，英语专业课程设置以综合形式为主要特征，例如视听说课程等，有的学校单设有口语课或写作课，重点培养学生听、说、读、写、译的英语综合应用能力。

以上调查结果表明，在十多年的英语教学发展中，英语作为高校必修课程的地位尚未被动摇，好的发展方向是高校教学目标和教师的教学方法越来越注重对学生综合语言应用能力的培养，以及跨文化交际素养的熏陶。但我国高校英语必修课程设置普遍呈现压缩学分学时的情况，而且有部分学校减少英语必修课程学分、学时的幅度还比较大。在课程类型上，主要以综合英语课为主，英语视听说为辅，重视听说读写综合能力的培养，在开展以综合英语、视听说为主的课堂教学的同时，多数高校根据《大纲》鼓励开展基于计算机和课堂的英语教学模式意见，加强了大学英语网络自主学习中心的建设，保障学生课外利用网络的自主学习，其中还有高校通过购置或自主开发英语专业学习系统，充分发挥了大学英语网络自主学习中心的作用，例如要求学生利用英语专业网络自主学习中心的设备条件和软件系统进行自主学习、训练英语口语和英语写作，并把学生这些在系统数据中的学习进度情况和效果纳入到学生的期末考评成绩中，形成有效的鼓励和监督学习机制。

但是个体学生在招生类型上是有所差别的，因此这些学生的专业发展方向也就呈现出了一定的差异性。例如，有些高校应国际化发展的需要，与国外高校或教育机构合作，兴办中外合作教学项目，针对这一类型项目招收的学生在高校的招生类型中占有一定比例，高校需要依据这类学生的发展需要设定英语专业必修课课程，重视学生以口语和写作能力为代表的语言输出技能，可以单独开设口语课或写作课，对学分和学时提出高要求，课程门类通常与国际接轨，呈现国际化特色。

二、英语专业选修课程设置情况

从高校英语选修课的设置情况中可以看出这一学校英语专业教学主管部门和教育工作者的英语教学理念。综观我国高校的英语选修课程设置，可以大致总结出这样两种教学理念：一种是坚持大学英语教学是为学生专业学习服务的理念，另一种是将大学英语作为一门专业来教的理念。这是两种完全不同的教学理念，下面我们从这两个视角来分析一下我国英语专业教学选修课的现状。

第一种是大学英语教学是为学生专业发展服务的教学理念。这种理念认为高校英语专业选修课的设置应该重视培养学生开展专业学习和研究的能力，并且可以为他们毕业后用英语从事涉外职业提供可能。因此，秉持这样英语专业教学理念的高校基本落脚点在专门用途英语(English for Specific Purposes，ESP)课程上，在英语专业选修课的课程设置上呈现出各种特色，例如服务于研究型人才发展的英语专业选修课，设置有学术英语写作、网络科技英语、科技英语阅读、法律英语、管理科学英语等各类学术英语课程；服务于应用型人才培养的涉外律师行业英语、IT 行业英语、知识产权行业英语、会计行业英语、汽车行业英语、建筑行业英语等各种特色行业英语课程。

第二种是将英语作为专业教学课程来设置选修课的理念。这在我国高校中占据多数，这些高校参照英语专业的课程设置和教学模式来开展大学英语教学，不仅在基础教学阶段开设视听说等综合英语专业必修课，而且重点在能力提高阶段为满足学生发展需求开设各类选修课程，如英语影视赏析、英语报刊选读等。复旦大学学者蔡基刚在2010年对国内65所高校当时设置的英语选修课做了统计调查。他将英语选修课的调研项目分为英语技能与语言文化两大类，英语技能类主要下设英汉翻译、英语写作、英语试听说、英语口语、英汉口译、英语阅读、英语听力、词汇学、语音学、高级英语这10门课，语言文化类下设英美社会与文化、外国影视欣赏、英语报刊选读、英美文学、公众演说、跨文化交际、中外文化对比、英美小说、英美概况、英美名作赏析10门课。65所国内高校的英语技能选修课中，有48所开设了英汉翻译课，40所开设英语写作课，37所开设英语视听说课程，33所开设英语口语课，33所开设英汉口译课，22所开设英语阅读课，20所开设英语听力课，8所开设词汇学，5所开设语音课，4所开设高级英语课；语言文化类课程中，42所开设英美社会与文化课，41所开设外国影视欣赏课，37所开设英语报刊选读课，31所开设英美文学课，26所开设公众演说课，22所开设跨文化交际课，20所开设中外文化对比课，17所开设英美小说课，13所开设英美概况课，12所开设英美名作赏析课。以上统计数据显示，国内高校的英语选修课在文化类课程中设置比重要高于技能类。总体来看，在提高阶段的课程设置和教师安排等方面都已经不分大学英语和英语专业了。这样就使得学生间除了在学分和课时上存有差别外，可以与不同专业学生选修同一门课程。英语专业选修课程发展至今，高校新生的英语水平不断提高，所以高校在基础阶段的英语专业必修课程学期数在减少，而以语言文化类为主、英语技能类为辅的英语选修课得到越来越多高校的认可。

以上两种相反的英语专业教学理念，重点体现在课程设置上，同时也是我国英语专业转型发展的主要尝试。不同的教学理念必将影响大学英语专业教学的转型走向与发展速度，因此，依据这两种理念，我国高校有以下几种选择：一是坚持为专业学习服务的教学理念；二是采用英语专业的教学模式；三是兼顾两种理念，以一种为主、另一种为辅的教学观念。不同的高校会根据自己的专业特色做出不同的选择。

随着经济全球化、文化多元化、教育信息化、英语国际化的不断深入，第三种理念的选择和落实越来越多，各大高校根据分类、分层次教学的原则，围绕各自学科专业特色和发展定位，对大学英语必修课程设置进行改革，在切实提高学生英语综合应用能力的同时，纷纷加强专门用途英语(ESP)选修课程的建设，重视通用英语(English for General Purposes，EGP)和专门用途英语(ESP)之间的交叉融合，加大力度建设英语课程体系，不断凝练和同化校本特色的课程体系，更好地服务于本校专业人才培养，这是新形势下我国大学英语教学改革的主旋律。同时，随着我国基础教育水平的不断提升，大学生的入学英语水平越来越扎实，全国高校也在不断深化英语专业教学改革，以学生发展为驱动，面向高等教育国际化的需求，面向学校本科专业人才培养的需求，专门用途英语(ESP)培养成为重中之重。

在高等教育国际化的大背景下，英语课程的重要性不言而喻。但随着我国高校本科人才培养计划的不断改革，特别是相关学分、学时的明显压缩，大学英语课程在全校基础教育必修课中的地位被削弱，而与此同时，对大学英语教师提高教学水平、提升学生英语应用能力的预期却有增无减，大学英语教育教学改革面临着前所未有的压力与挑战，所以说大学英语教育教学改革的关键还是教师。大学英语教师不仅要充分调动自身的积极性和主观能动性，而且要通过自己不懈的努力，尽可能争取管理者的理解和支持，最大限度地为学生专业学习和个人发展服务，这也是我们开展大学英语课堂教学研究的根本原因所在。

第二节　当前英语教学模式分析

随着教育转型改革的不断深入，本科人才培养方案的改革也在不断深化和完善。为此，各高校纷纷修改人才培养方案，对大学英语的课程设置进行了调整。同时，提高大学英语的教学质量要求为英语专业教师和管理者带来新的挑战，在提倡学生自学英语的基础上，课堂教学模式的改革成为我国英语专业教学转型发展的成败关键。在教材体系方面，出版业的改制为一线英语教师选择系统完备的优良教材提供了可能。但现实情况却是：在高校扩招浪潮下，大学英语教师工作量越来越多，有形无形地依赖于出版社的配套课件，导致一些一线教师仅凭系统教材少备课甚至不备课情况的出现。在这种情势下，大学英语教学改革必须充分发挥教师的主观能动性，促进现代教育技术与大学英语课程教学的融合，积极探索顺应新媒介时代发展的教学模式和教学方法，优化教学设计，提高有限课堂教学效率，同时还要加强网络自主学习中心的建设，保障学生个性化学习及其效果。

21 世纪以来，大学英语的数字媒体化改革工程日益深入，国内各高校纷纷创建大学英语网络自主学习中心，开展建立于计算机网络基础上的大学英语课堂教学转型，积极探索大学英语教学的有效模式，致力于促进学生形成个性化的学习方法和发展自主学习能力。教育部高教司在 2007 颁发了《大学英语课程教学要求》，其中明确提出了计算机技术基础上的多媒体教学模式，推动现代信息技术与大学英语课堂教学的整合，倡导建设大学英语网络自主学习中心，使得优秀教学资源和教学平台得以开发共享，教学观念能够从根本上发生良性转变，创造英语专业教学转型发展的新机遇。

建立于计算机和课堂融合基础上的英语教学模式，强调教师的个性化教学与学生的自主性学习，充分利用计算机网络技术帮助学生强化语言技能训练，结合教师课堂讲授和辅导，使学生可在教师的指导下，根据自己的水平、特点、时间，选择合适的学习内容和学习方法，借助计算机网络通信技术，较快地提高英语综合应用能力。

但是，对基于计算机和课堂的多媒体教学模式，我国高校大学英语学术界存在不同的声音。在大学英语教学界，更是见仁见智，对教学模式的概念，不同专家给出的定义各有不同。任何一种教学模式都应该在一定的理论指导下完成规定的教学目标和内容，而且具有一定的教学活动序列和方法策略。教学模式一定会涉及特定的教学方法和教学策略，但又不等同于某一种教学方法或教学策略，而是指教学过程中两种或两种以上方法或策略的稳定组合与运用。在教学过程中，为了实现某种预期的效果或目标，往往要综合运用多种不同的方法与策略。当这些方法与策略协同达到预期的教学效果或教学目标时，就成为一种有效的教学模式。

教学理念不同，就会有不同的基于计算机与课堂的大学英语教学模式；教学技术条件不同、师资条件不同，教学模式就会不同。目前，各高校不仅都在加强大学英语教学技术条件建设，而且都在探索具有校本特色的基于计算机与课堂的大学英语教学模式。在课堂教学中，广大教师充分利用现代信息技术，研究如何通过多媒体、多模态手段优化学习者的语言输入与输出。在基于计算机与课堂的大学英语教学实践中，一线教师纷纷从应用语言学、教育学、教育技术学、话语学和教育生态学等不同学科理论出发，或者综合运用不同学科理论，探索各具特色的教学模式，深化课堂教学改革，引发了丰硕的教学改革成果。

在普遍赞同多媒体技术与大学英语教学融合的同时，也有专家提出了非常尖锐的问题，特别是在基于计算机和课堂的多媒体教学模式中所暴露出来的“重技术轻教育”倾向，甚至娱乐化倾向的情况下。秦秀白教授针对大学英语教学中出现的认为备课就是做好 CAI 课件、PPT 可以取代板书、眼球效应等同于教学效果、教学就是表演、以小组活动替代仔细阅读、教就是哄学生开心等各种误区和不良倾向，提醒大学英语教师警惕课堂教学娱乐化，认真实施有效的教学活动。

促进现代教育技术与大学英语课程教学的融合，这是近年来我国高校大学英语课程教学发生教育学转向的重要表现。这种转向不仅表现在教育学理论、教育技术对于大学英语教学改革的意义，而且表现在课程论(特别是教学设计)对于深化大学英语教学模式改革、改进大学英语教学效果的重要性。这种转向涉及教育学科与语言科学的一个交叉学科：教育语言学。教育语言学是一门关于语言教育的科学，它以教育为载体，以语言为传授的对象。深化大学英语课堂教学改革，需要充分认识其学科属性，用现代教育教学理念和理论指导课堂教学，充分利用现代教育技术改进课堂教学效果。

第三节　英语专业教学的要素分析

在现代信息技术条件下，现代教学媒体的作用越来越显著，极大地冲击着传统的教学系统。虽然现代的教学系统仍由学生、教师、教学内容、教学媒体四个要素构成，但是这四个要素在现代教学系统中的作用发生了较大的变化，而且这四大要素也并不是简单孤立地拼凑在一起，而是彼此相互联系、相互作用着，形成一个有机的整体。现代教学媒体的强势发展和影响从本质上改变了传统教学系统四要素及其之间的关系，极大地提高了系统内部各要素之间信息传递和转化的效率。

一、英语学习者

任何一门课程都有一个共同点，那就是学生作为课程的主体，都被作为教学活动的出发点和落脚点。英语课程也不例外，教学的出发点和落脚点同样是学生。分析我国英语专业教学的现状要素，首先要研究英语学习的主体——学生。

近年来，大学新生英语水平逐渐提高是一个显著特征，并且学生对自己的英语综合能力提高目标和要求也不断提高。他们在学习目标定位、学习理念、学习动机、学习方法、学习条件等方面都有明显特点，比较突出的是学习英语的目的明确，即通过大学英语学习，提高自己的英语综合应用能力，尤其是听和说的能力，表现为期望在今后的学习、工作和社会交流中能够使用英语进行有效的交流。此外，学生在经济全球化、文化多元化、交流信息化时代背景下，对自己的英语专业学习提出了更高层次的要求，对以跨文化素养为突出代表的综合文化素养需求明显。

近年来的大学新生通过初高中“新课标”素质教育的培养，形成了具有自己显著特点的学习理念、学习动机和学习方法，并将英语学习和自己今后的升学、就业和终生学习目标紧密结合起来，力求把自己培养成具备基本英语素养和跨文化素养的 21 世纪公民。他们能够根据自身认知特点和学习发展的时段需求，着重提高用英语获取信息、处理信息、分析问题和解决问题的能力，以及用英语进行思维和表达的能力，增进跨文化理解和跨文化交际的意识与能力；他们能够根据自身发展需要选择个性化学习方法、学习策略，最大限度地发挥个人才能，而且还注重通过英语学习策略训练，不断优化学习方式，提高自己学习的能力。究其原因，是受建构主义学习理论的影响比较大，使他们能够把学习作为自己主动建构知识和意义的过程。

现在的大学新生都是1995年后生，也就是说，他们都是伴随着互联网快速发展而成长起来的新一代，是典型的数字原住民(digital natives)。随着网络信息技术的迅猛发展，强调依靠信息技术进行意义建构与知识创新的建构主义学习观盛行。对现在的大学新生来说，学习是一个积极且有意义的知识建构和真实的体验，学习是他们讨论、合作、协调和知识共享的完整的过程，而不是孤立的枯燥的技能训练。在大学英语专业教学课程中，小班授课越来越普及，多数学校通常都以专业自然班为授课班级，一般情况下，每个自然班学生人数大多在30～40之间，学生课外英语学习的方式丰富多彩，在图书馆、宿舍和网络自主学习中心等场所，采用各种媒体途径，根据兴趣开展在线多模态阅读，免费下载自己爱好的各种英语歌曲、演讲Ted教学视频等，随时随地使用手机、iPad、mp4等播放。他们也会在线发布一些评论，通过QQ、E-mail、飞信、微博、微信等社会化写作软件，与外界保持联系和互动，而且这种互动一般是阅读、写作交织在一起，语言输入和语言输出相得益彰，高校外语文化氛围普遍比较浓厚，学生不仅可以通过在线观看英语影片等不同途径学习外国文化，还可以通过参加英语角、外语文化月等各种外语活动，提高语言应用能力。

二、英语教师

教学活动离不开学生、教师两个主体。学生是“学”的主体，在以学习者为中心的教育理念下，充分发挥学生中心地位意义重大。但作为“教”的主体，教师在教育教学过程中则起着主导性作用。大学英语师资队伍建设对于深化大学英语教育教学改革至关重要。近年来，大学英语师资队伍不断壮大，师资在学历层次、专业水平等面都有较大幅度的提升。大学英语教师队伍中，随着20世纪50年代出生的教师陆续退休，现职教师大多都是硕士以上学历，其中有国外留学或工作经历的占有一定的比例。很多重点大学要求教师必须通过各种方式到国外访学深造，否则在职称评定和提拔任用等方面就会一票否决。外籍教师也成为大学英语师资队伍中不可或缺的组成力量。在中外合作办学项目和某些民办特色学校，外籍教师甚至成了大学英语师资队伍中的主力军。

在大学英语教材不断更新、升级的市场机制推动下，基于新教材的大学英语教师培训使大学英语教师在教学理念、教学方法等方面与时俱进，不断发展。广大教师注重学生英语综合能力培养，在以教师为主导的同时，普遍关注、探索以学生为中心的教学法，取得了显著的成果。在高校本科教学质量评估的政策推动下，近年来大学英语教学条件建设发展迅速，多媒体教室和大学英语网络自主学习中心得以普及，为大学英语教师探索基于计算机和课堂的教学模式，改善教学效果奠定了坚实的基础。为了确保大学英语教师队伍健康发展，各校英语教学部门完善制度，改进工作机制，通过教改、教研、教师专业发展一体化的团队建设，加强观摩教学、师资培训与学术交流，推动学习型师资团队建设，提升大学英语教学团队整体理论水平。现在的大学英语教师发展不仅仅是“站好讲台”了，他们还积极投身教改、教研，发表学术论文，编写、出版校本特色英语教材。

当然，随着大学英语课程体系改革的不断深入，大学英语师资队伍建设也出现了一系列的难题，面临着来自各方面的各种挑战，例如，我国大学英语教学改革正处于一个从 EGP 到 ESP 的转型时期，急需具有 ESP 背景的“双师型”教师队伍。大学英语教师面临着职业转型的挑战，不仅仅要讲授传统的语言技能，还要根据学生的专业学习和就业需求，给学生开设各类学术英语(English for Academic Purposes，EAP)或职场英语(English for Occupational Purposes，EOP)。但高校目前缺乏行之有效的 ESP 师资队伍建设规划或举措，大多数英语教师对专门用途英语有畏难情绪，不愿转型，而且由于“双师型”师资在学科专业归属、职称晋升等方面缺乏政策引导、鼓励和支持，合格的 ESP 师资严重匮乏。

大学英语“教”的主体无疑就是大学英语教师，但在我国高校，大学英语课程建设是一个系统工程，其主体不能仅局限于传统意义上的教师，还离不开教学管理者的参与。也就是说，大学英语教学具有教师、学生、管理这“三个主体”，而且，在我国高等教育的体制中，管理者这个主体的作用不可低估，有时候也会起到决定性的作用，深化大学英语教学改革离不开管理者的充分重视和参与。我国高校大学英语改革管理者的主体是一个广义的概念，既包括高等教育各级各类行政主管，如教育部、省市教育厅(局)的相关主管，以及学校分管领导、教务处领导等，也包括大学英语教学部门主管，也可以包括教育部、各省市大学英语教学指导委员会等学术机构。这些管理者主体是大学英语改革的决策者、组织者和管理者，他们对大学英语课程建设的理解、支持与付出是大学英语教学改革的决定性因素之一。以学校教学管理职能部门教务处为例，大学英语课程教学管理与改革的方方面面都离不开教务处的关心和支持，诸如本科人才培养方案中对大学英语课程性质的定位、学分和学时分配、教学资源、教学改革立项、学生分级分班、课程排课、教学场所安排、学生竞赛资助、教学奖励等。但其实，除了上述主体，大学英语教学改革的顺利开展也离不开学校各专业学院、学生处和团委等职能部门主管领导的关心和支持。为了充分调动各方积极性，大学外语部或外语学院这样的英语教学部门，必须加强与学校有关领导和职能部门的交流互动，保障大学英语教育教学改革的顺利实施。

三、大学英语教学内容

近年来，随着大学英语教育教学策的不断更新，《大学英语教学大纲》在 1980 年发布后又分别于 1985 年、1999 年进行了两次修订；《大学英语课程教学要求》发布于 2004 年，于 2007 年也进行了修订。随着政策的变化，大学英语教材建设不断升级，优质教材不断涌现，教材建设在教材形式的开发、教学内容的编写、教学理念的普及和任课教师的培训等方面都发挥了积极的作用。根据《大学英语课程教学要求》(2007 年修订)，“大学英语的教学目标是培养学生的英语综合应用能力，特别是听说能力，使他们在今后学习、工作和社会交往中能用英语有效地进行交际，同时增强其自主学习能力，提高综合文化素养，以适应我国社会发展和国际交流的需要”。可见，大学英语课程的教学内容主要包括英语语言知识、听说读写译的技能以及英语文化知识和跨文化交际技能。

随着基于计算机和课堂的大学英语教学模式的普及，大学英语教学内容在教材载体上不断更新升级，除了传统的纸质教材外，学生还可以在学校网络自主学习中心学习，也可以使用手机、iPad 等新媒介自主学习，充分利用国内外优质的开放教学资源。多元化的教学资源突破了传统纸质教材的局限性，立体化、数字化(如 DVD、网络在线学习系统等)的教材体系为大学英语教学提供了题材广泛、形式多样的教学材料，很好地满足了新媒介时代学生的个性化学习需求。同时，除了选用高水平优质教材，各校纷纷开发校本特色教材，建设数字化教学资源，以满足学生个性化学习中对真实性语言教学材料和学习环境的需求，以及学生对多模态教学的需要和日益增长的跨文化交流需要。

大学英语教学内容与时俱进，除了传统的读写能力，文化素养也成为大学英语教学中不可或缺的内容。新媒介时代，即便是读写能力，在内涵上也发生了巨大的变化，现在的读写能力不仅仅是正确使用，还需要能够更加充分和全面地交流和表达意义，体现了对交流的更加广义的理解，以及更加积极的学习方法。以写作学习为例，过去的学生写作练习是要一笔一画写在本子上的，如果写错了，要改动很不方便，现在则大不相同了，学生不仅可以反复而又容易地对文本进行修改，还可以利用 Office Word 等文字处理系统的拼错、语法识别提示和自动修改协助书写。过去，优秀的英语学习者在课外也有坚持用英语写作日记或者周记的好习惯，而现在的泛在式学习使学生可以通过手机短信、E-mail、QQ、微博、微信等社交软件随时随地写作、交流和互动。另外，现在的写作也更加口语化、非正式化，经常使用缩写、情绪符号等，也就是说，数字化、可视化极大地丰富了文字表达的形式和内涵，集成性试听文本(如飞信、微信)在青年学生中广为流行。现在的书面课文通常都有数字化的在线多模态文本，除了与纸质课文相配套的在线文字形式，经常还有音频、视频等辅助学习媒介。

在基于计算机和课堂的大学英语教学模式普及的过程中，教材的观念逐步为教学资源所取代，教学资源建设成为新媒介时代大学英语课程建设的核心内容之一，它不仅决定着课程的教学内容，也是大学英语教学工作者教学观念的重要反映。“一本书，一个讲台”这种以教师“纯讲”为主的传统教学模式已经成为历史，处于信息时代，知识又具有了公开性和共享性，教师作为传播知识的主体，其权威性受到一定的挑战，时代呼唤能够顺应信息化发展的新型教师。

四、大学英语教学媒体

新媒介的迅速发展是当今时代的重要标志，媒介的应用涉及社会生活的方方面面。在现代教学系统四要素中，教学媒体这一要素也随着时代的发展转化成越来越重要的角色，对其他三个要素作用的发挥起着毋庸置疑的作用。

近年来，各高校英语专业课堂教学的条件和学生自主学习的条件都随着经济和科技的发展而发生了巨大变化，多媒体教室、网络教室在绝大多数高校得到普及，大部分城市中的初高中也都实现了多媒体普及，基于计算机和课堂的教学模式成为大学英语教学模式的主流，大学英语教学资源以多媒体技能应用为重要特征，为学生的个性化学习和交流提供了有力支持。在具体的课堂教学过程中，教育者可以利用各种教学工具，如图片展示、播放视频和音乐等，便于激起学生的学习兴趣，引导学生进入多模态的学习环境中，进而达到很好的教学效果；在课后，教育者还可以将课内教材与课外读物进行合理结合，引导学生主动拓展课外学习，例如，利用网络和图书资料等进行多方位学习，进一步巩固课内知识。非正式化的片段学习成为学生课外学习的主体，因为应用各种媒体途径越来越便捷，如使用智能手机或个人电脑以及各种沟通类应用软件，可以最大限度地满足学生个人的兴趣爱好和学习发展需要，并可以随时地与老师、同学取得联系，方便快捷地进行多模态教学和学习。

一系列专家学者的研究结果表明，文字、声音与图像这种方式相结合的多模态学习方法对提高学生的学习效率是十分有效的，尤其是借助多媒体进行的英语专业教学，对学生的英语学习有更大帮助，因为借助声音和图像的表达，可以更加生动形象地将英语的发音、语气、语感等内容传达给学生，调动学生的视觉、听觉与语言等多种感官进行学习，可以加强学生学习效果的持久性。

近年来，各地高校为了顺应时代发展和教育转型的需要，纷纷对本校的英语教学条件和环境进行了改善，一方面普及落实多媒体课堂教学，另一方面加大力度建设大学英语网络自主学习中心。与此同时，还可以借鉴某些高校的成功案例，例如设立计算机辅助语言教学部，积极探索基于计算机网络的英语教学改革，开展基于网络的大学英语听、说、读、写、译课程，充分保障学生学习专业英语的网络自主化条件，建设具有校本课程特色的大学英语课程资源。立体化、多元化的教学资源，拓展了学习者意义表达和建构的方式，促进了教师教学内容的多元化，既保障了新媒介条件下多媒体、多模态课堂教学的进展和充实，又为学生提供了真实、有意义的英语学习环境，极大地丰富了大学英语的课程文化和校园文化，满足了转型发展背景下英语专业教学的需求。因此，探索数字媒体与课堂教学的不断优化成为未来英语专业教学的转型重点。

第三章　英语专业教学转型发展的哲学理念

在外语教育的范畴内，大学英语是高校非英语专业学生的一门重要的外语课程，从学科属性的角度来看，是教育语言学的研究对象，所以大学英语的研究理论基础同样离不开教育学、心理学、二语习得等理论，更不能缺少哲学的指导。

对大学英语课堂教学模式的研究，需要系统并且全面地分析和把握教学系统的各个要素，同时明确各要素之间的关系。在系统论原理里，教学系统的四个基本要素是教师、学生、教学内容和教学媒体，我们称其为教学系统“四要素”，通过这“四要素”间的相互运动和相互作用，使教学系统参与到整个教育系统运行过程中，并且在这一复杂的运行过程中确保各个子系统的动态稳定性。

处于当今这样一个新媒体时代，传统的教学系统受到信息技术的不小冲击，大量的教学技术元素融入教学系统中，导致传统教学系统四要素的内涵以及相互间的关系都发生了改变，传统教学系统面临着结构重组，需要以哲学意义进行重构。因此，各专家学者从不同的哲学观出发，对现代教学系统进行了深度剖析，得到较多认可的是从联通主义理论视角出发，探索现代教学系统四要素关系的学说，并且还探索到了各教学子系统因四要素关联运动而呈现的动态网络结构。

第一节　人本理论

一、人本主义理念下英语课堂教学行为分析

（一）课堂中教师、学生与人本主义相匹配

在课堂教学中，学生和教师应该是主体间关系，教学的意义在师生互为主体

的情境中得到阐释。在教学中，教师要关注每一位学生，尊重学生的学习主体和个性化学习特征；学生也应该积极参与教师组织的课堂教学或者其他学习活动，尊重教师的劳动成果，与教师一起探讨知识学习和技能训练，从中获得心理和智慧的健康成长，让学习活动充满人本主义情怀。

（二）课堂中教师行为与学生认知心理相匹配

进入大学之后，由于环境的变化引起心理感受的变化，大学生会发现原先所认识的自我是由家长、老师、同学所塑造出来的我不是真正的自我，因而强烈的要求重新塑造并确立真正的自我，在自我评价能力和自我控制能力方面比中学时代有所提高，但发展的水平参差不齐。教师在课堂教学过程中要切实考虑大学生的心理状态和心理变化，遵循大学生的认知规律，充分了解学生的成长状态。课堂教学中，教师要设计符合大学生认知特点的教学活动，充分调动学生的学习兴趣，提高教学的有效性。

（三）课堂中教师行为与义务教育英语课程标准理念相匹配

义务教育英语课程标准要求教师在课堂教学中要面向全体学生，关注学生的个体差异，因此教师在实施素质教育的同时还要引导学生遵循语言学习规律，设计符合英语语言学习规律的一系列教学活动，增强学生的学习兴趣。外语课堂教学应该根据课程标准和学生实际情况制定教学目标。

二、人本主义下英语课堂教学行为特征分析

人本主义理念下英语课堂教学行为适切性有以下三个特征，可以归纳为师生关系和谐性；教学方法的差异性；教育评价的全面性和多样化。

一是师生关系的和谐性。教师应该明确自己的角色，教师不是传统的教书匠，而是学生的朋友，是学生学习的促进者和帮助者；教师应与学生建立起平等的师生关系，发自内心地关心爱护学生，尊重学生的感受，关注学生的情感。在此基础上，教师为学生的实现自我而努力。

二是教学方法的差异性。人本主义教育重视学生的主体性地位，以学生为中

心，相信学生，大胆地放手让学生自我评价，同时关注学生的个体差异，真正做到因材施教。

三是教育评价的全面性和多样化。教育评价要充分体现以学生为本的思想，重视学生的需求，关注学生的个体差异，尊重学生的个性发展，注重学生间的自我评价，关注学生的长远发展。人本主义教育评价观认为教育评价应该关注人的成长而不是分数，因此，教育评价应该聚焦于人的全面发展，对人的长远发展做测评。

三、人本主义下英语课堂教学行为影响因素分析

（一）教师影响因素

教师因素不仅只对教师行为有影响，它对学生行为也有影响，因为学生行为不是孤立的，而是在教师指导下发生的。Huhges 等指出，教师需要对自身教学因素进行判断，意识到哪些因素对问题行为产生了怎样的影响，要敢于面对自己在教学中的问题，勇于承担责任，发现问题及时寻找原因，寻找解决办法，从改变自身开始，提升自己的专业水平，促进教师的专业化发展。

教师因素有以下几点：

1．教师的教育观念

教师的教育观念是指教师对相关教育观念的主体性认识，它是在教育教学实践中形成的。教育观念对课堂教学行为的影响不容忽视，它是促使课堂教学行为发生发展的关键。在访谈中，在调研的两所学校里教师都接受过英语课程标准的培训，也知道课标的基本理念，但是在实施过程中却没能落实。

在访谈中，某教师说："其实我们都愿意用新的理念，也很想改进我们的教学，但是不太实际，毕竟课堂任务繁重，学生也比较多，说实话我们真的顾全不了，而且很多理论性的知识我们也不懂，太专业了。"这与 Eykin 二十多年前描述的情况几乎完全相符。Evkin(1987)曾谈到，由于一线教师们的观念陈旧，他们觉得一些专业书籍过于理论化，与现实教学相差甚远，他们对过于专业的书本毫无兴趣，

很少去阅读，对于二语习得研究，很多教师也无暇顾及，教师们的实际教学过程依然是依赖个人或集体的一些经验，依葫芦画瓢，缺乏理论指导。因此，教师的教育观念直接影响课堂教学方法的适切性。

2．教师的知识结构

教师的知识结构复杂多样，它包含了众多理论与实践知识，只有一系列的知识相融合，以此为基础形成的教师行为才能多样有效，进而带动课堂教学行为的整体发展。英语教师必须具备学科教学的知识、教学对象的知识、教育情境的知识。学科教学知识，顾名思义，与教学有关的知识。英语学科教学知识英语语言技能方面的专业技能知识。教学对象的知识则是指教学对象的相关知识，教师只有对教学对象的知识全面了解，才能进行有效的教学活动。教育情境的知识指与教学密切关联的教学环境方面的知识，这种教学环境会影响教师与学生的教与学的效果。

除了所教学科知识，学习对象的知识和教育情境的知识就尤为重要。教师的教学要有效，就必须充分了解自己的教育对象。教师要充分了解学生的学习态度、家庭背景、了解学生在课堂上可能会提到的问题等，通过教学设计的准备，激发学生学习英语的兴趣、提高学生学习英语的效率等。这样，教师才可能在教学活动中做到因材施教。教学活动的顺利开展和教学质量提高的重要保证是有优良的教育情境，对于知识的传授教师应根据不同的教育情境灵活处理。

3．教师专业精神

通过深刻地认识教育活动，教师形成了相应的教育价值观，培养了相应的教育情感和社会责任感，实现教师行为的价值选择的过程就是教师专业精神孕育和养成的过程。教师专业精神不同于教师知识或技能具有显性的、可观察的特点，它常常隐含在教师日常不经意的言语或行动中，不是教师有意为之。教师专业精神往往是通过对教师教学风格、教学举止、教学机制等长时间的观察和实地考察进行的。

4．教师创新能力

创新能力不仅是教师自身专业成长与发展的需要，也是培养学生创新意识和创新能力的要求。本研究发现，教学过程缺乏创新是影响课堂教学行为适切性的重要因素，例如，某学校的英语课堂全部采用同一种模式。在教学过程中，教师应该根据不同的教学目标、不同的教学对象和具体的教学情境采用不同方式进行课堂结构的设计，采取不同的教学方法，设计形式多样的课堂活动。通过课堂观察发现，多数教师采用“呈现—练习—巩固”的教学过程，有少数教师表示在课堂上会安排学生小组合作进行操练，但是正如访谈中教师们提到的“学生人数多，课堂时间有限”，很多小组合作只是形同虚设，教师根本无法给予有效指导和监督。有很多老师直接用教材中提供的电子教案，根本没有考虑到授课对象，这就严重违背人本主义理念的要求，造成了课堂教学行为的不适切。

5．教师反思能力

教学反思是教师对自身拥有的知识与经验进行整合的过程，通过对理论与实践的内在联系的探索，在教学和专业发展过程中不断获得新的认知。教师是否善于反思自己，总结经验是教师教学行为能否提高的关键。

教学反思有利于教师了解自身的优势与不足，为教师形成具有个性的教学模式提供保证。教学反思是教师个体不可替代的行为，以课后反思为主，其反思内容包括：教学方法的选择，教学对象的了解；课堂中教学行为与教学目标是否相符合，是否能恰当合理地整合教材，是否能灵活应对课堂教学中的突发事件等；课后及时归纳、评价、总结课堂教学，对自己的长处与不足进行总结，及时记录课堂中的动态生成，为今后的教学提供丰富的参考经验。教学反思能调节和重构教师原有的教育思想和经验。在对教师的访谈中，笔者了解到，几乎所有教师都表示会从学生接受角度和教师设计角度进行课后反思，而对于课堂中生成的一些东西却很少有人提及，可见教师的反思能力也是影响课堂教学行为适切性的重要因素。

(二) 学生影响因素

1．学生的智力水平

学生的个人能力和整体素质是影响学生发展的重要因素，智力水平是内部基础，它决定了能力和素质这两项重要因素，素质和能力则成为智力的外部表现。因此，学习行为的基础性因素就是智力水平，它对学习行为有直接影响。对于这一点，就需要教师具有更多的更专业的教育知识，无疑是对英语教师的又一大挑战。

2. 学生的学习动机

学习动机是学生学习的内在动力，它对学生的学习态度、学习效果和过程都产生深远的影响。学习动机可以推进学习行为，学习行为则可改变学习动机。随着学习行为的不断前进，其进展过程和结果直接或间接地改变着学习动机。空虚是进入大学后很多学生感受。从中学那如上弦箭般的紧张生活到无拘束，学生很容易变得像大海上面的没有舵手的小船，不知道何去何从。学习动力不足，大学前后的动机落差，自我控制能力差，缺乏远大理想，没有树立正确的人生观，都是导致大学生学习动机不足的重要原因。这就要求英语教师能够根据学生的年龄特点有针对性地对当前大学生的学习动机进行培养，尤其是在英语课堂上渗透文化意识、培养学生的包容力的时候，有意识地提高学生的学习动机。

3. 学生的学习兴趣

兴趣在学生学习中具有重要地位，它可以直接转化为有利的学习动机，使学生学习热情高涨，同时它也能帮助学生进行学习行为方向上的选择。二十一世纪是 e 时代，各种媒体的神秘色彩深深地吸引了学生的注意力，如果英语教师能够善于正确引导学生利用多媒体进行自主学习英语，有意识地培养学生与媒体的互动，英语学习效果会有很大不同。学习兴趣是学生学习活动的重要动力，直接影响学习行为。

四、人本主义理念下英语教学活动内容

（一）以知识灌输转向方法传授

在英语教学过程中学生主体地位的体现主要表现在对学生学习独立性的尊重，尤其是思维过程的独立性，也就是我们通常所说的独立思考。主体地位的体

现是一个相对概念，它不是让学生绝对化地脱离老师的指导去单独绝对完成学习、交际、用英语进行实践等活动。学生的独立完成是指在学习的过程中需要由自己亲身去完成任务，而不是依靠别人去替代他，也没有人能够完全替代的一种特殊属性。学生的英语学习，可以在老师的指导下，充分调动学生在学习英语方面的积极性，利用已经掌握的英语材料，从特定的语言环境中去认识和实践自己的英语能力，因而明白语音、语法、单词等具体的知识点，培养自己的听、说、读、写、翻译的能力，最终达到能够交际的能力。教师要在设置难度适当的原则下，教给学生学习的方法，由他们自己利用这些方法去理解课程内容，要知其然，还要知其所然。课堂教学应该尽可能地杜绝教学过程由老师独揽，让学生一直处在一种被动接受的位置。

在具体教学过程中凡是教师需要安排经过准备的活动时，且这种活动学生需要用口、用耳、用手，尤其是用脑独自完成的这类教学活动时，都需要为他们创造必要的条件，保证他们的学习时间与空间，引导学生主动投入到课堂教学活动中来，在日常生活中尽可能地用英语进行交流，为学生设置交际情景，组织英语交流活动，最终促进自己的自主学习能力。主体性是个体在互动性活动中的地位问题，它是指在一定条件下，个体对自身的主观活动能够有自主的支配以及控制的权利和能力。在实践活动中，学生主体是有自主意识、拥有自由选择权利的，而且能控制好自己的情感、意志以及合理地安排英语学习时间，能科学地调整自己的学习策略，让英语学习向着有利于自身发展的方向前进，当学习的主人。同时，作为主体，参与学习活动的学生，要想能够合理地支配自己，当自己的主人，必须要先支配好自己，才能有能力去支配其他外界事物。当然在英语学习方面，只有让学生觉得自己的学习活动是自主的，自己是自己的主人，才能保持住学习的热情和参与其中的积极性。因此，在英语教学过程中需要保证学生的主体地位，将知识灌输转到方法的传授上来，这是保证学生英语学习过程中做自己的主人的前提条件。学生能不能成为学习过程的主人，取决于学生在英语教学中能否掌握适当的学习方法，主体性也只有在实际学习活动中才能够得到认可和展示。学生的主体性需要教师针对学生个性特征，灵活使用教学方法，提高学生的自主学习能力，做好课前预习、课后复习、课堂作业与家庭作业之间的相互衔接，使学生在掌握好学习方法后能够独自地进行语言学习及交流活动。

(二) 以个人讲解转向共同参与

怎样才能将主体地位真正地实现，最关键在于学生能不能在教学活动中主动的参与到学习行动中来，通常我们可以看作是主观能动性的发挥。英语教学中学生的主观能动性是指学生能够主动地、独立地、积极地参与到学习及认识英语中来，从而让自己不断得到完善。它主要存在于对英语进行认识以及参与到英语实践活动中。这个理念需要教师引导学生，根据自身现有的英语知识量和英语能力水平，制订目标、计划、学习方案、组织管理以及调控自身的学习行为活动，并积极主动地参与到课堂教学活动中来，这样就能按照自己的意愿进行英语学习。英语教学的共同参与理念，是在教师与学生的双边活动中形成的，它主要是两个方面的内容：首先，学生能够对所学习的英语课程进行辨析，学生会因为英语学习的动机对英语的兴趣以及个人价值观念的推动以及支配，我们可以将英语看作是学习的内驱力；其次，这种教学理念能对英语课堂进行一定的良性化的制约，在教学过程中学生能够用自己已有的知识水平对教学过程做有效的控制，他们能利用自己的情感影响英语知识的接收，我们也可以将这个看作是认知力。具备内驱力与认知力的课堂效果一定会是高效率的，学生会主动地去学习和运用英语交际，让自己的综合能力更加的完善。

要让学生能很好地参与进来，课堂教学的老师就需要有计划、善调控。要利用自己能使用的一切条件，按照英语课程的内容，以及课堂需要创造的条件，确立自己的英语课教学目标。对英语教学的效果做超前思考，让学生在英语学习的过程中不断地参与到任何跟英语课堂教学相关连的活动中来。因此，英语教学中除了强调学生要主动使用适宜的学习策略的同时，还要随着自身内驱力和认知力的提高能够不断地参与到学习活动中，成为教学活动的主体。指导学生共同参与英语教学过程的理念还要注意的是，在参与初期，英语教学仍然还是要教师进行示范和监督，不能让学生被动地依靠机械性的记忆去安排和调整自己的学习活动。

大学生随着自身知识量的增加，思维的独立性以及批判性都有了长足的发展，他们能够主动地或不经意地对自己参与的学习活动、实践活动做出具有自己思维特点的辨析、调整、决定，使自己的行为经验逐渐丰富，他们能够积极主动地、独自地进行自我管理、自我学习，让自身的能力从没有到丰富，从基础性向科学性渐渐发展起来。帮助学生在英语学习中掌握学习方法，学会辨别事物，学会钻研；让学生的外部推动转向内部自主，让英语成为自己的爱好，最终的目的就是把学生的被动学习转化成主动学习。在自主参与理念的指导下，让学生的自主能力的作用逐渐发挥。

（三）以分数需求转向能力训练

英语教学最基本的属性是社会性。无论是在学习还是生活事务中，每个个体相互之间产生的关系，就基本上确定了主体的本质。这些社会关系通常体现在个体的思想情感、理想信念和心理感知上。学生也是社会大众的个体成员，只要在社会中生存就难免要与社会其他成员发生联系，从而组成了各形各色的社会关系。进行交际是人的本性使然，也是个体进入社会化，形成自我性格的重要方式。英语教学的主要目的是帮助学生能够用英语去建立一个属于自己的社会关系，在这个关系中学生是独立的具有自主性的个体。英语教学要建立这种社会性质的交往关系就需要广大教师在课堂内外改变单一追求分数为目的的教学理念，要让学生参与体验及交往活动从而培养能力，教师可以在教学前后在师生之间或者学生和学生之间建立一种交流合作机制，模拟建造一个微观的社会环境，用以帮助学生高效率的学习，从而使学生真正掌握自己所学习的英语课程并最终达到能应用英语的目的。明确的目标与学习动力之间存在着紧密的联系，甚至比其余的任何因素都对学生的成绩、个体的社会化及个人能力发展的影响都更有效。因此，我们在强调学生主体地位的时候，就需要英语老师注重英语实际运用能力的培养，不能只看重考试分数。

在英语的教学过程中，发展学生的主体性必须是从低级到高级，从量的变化到质的变化的不间断的发展变化过程。大学阶段是一个人成长发展的关键时期，这个阶段的学生在主体性方面存在个人意识不强、主体素质及主体性能力较弱，同时缺乏自主性以及自我认识能力，最重要的是缺乏自我实践能力，他们的人格特点中存在着不成熟的、不独立的隐形主体。英语教学与其他阶段的英语学一样是一个动态的、发展的过程，学生拥有最大的优势就是个人主体潜藏着巨大的发展能量，并且能够在内驱力与外部因素的相互作用下，慢慢转变成现实。英语教师在课堂教学的过程中，教师应该特别注重学生实际能力的提高过程，要主动地为学生建立适合实践能力提高的交际情景，尽可能多的为他们提供信息，锻炼真正的英语应用能力，要让学生从依靠教师的灌输而得分的学习目的，转向独自地、自主地去学习，锻炼自己的应用能力。

五、人本主义理念下英语课堂教学发展建议

（一）重视学习，注重积累

教师通过学习积累，丰富自己的知识结构，从而改变传统的教学观念。

第一，学习语言学理论与外语学习理论。通过语言学理论和外语学习理论的学习，掌握语言学的规律，把握外语学习的几大理论知识，为自己科学的教学设计做好理论铺垫，同时以此来丰富教师专业精神。

第二，注重外语理论与实践。经常查阅报刊，掌握最先进的外语理论，扩大自己的国际视野，同时紧跟时代理论前沿，将先进的外语理论与教学实践相结合，不断内化并提升，使之成为自己的财富。

第三，教育心理学理论与教学实践并重。因为教师面对的是学生，除了了解自己提高自己之外，教师更多地需要以学生为本，学习教育心理学理论，为自己的实践奠定坚实的理论基础，同时，在实践中运用理论，加强理论的实践性，以此巩固自己对学生的把握，以便更好地践行人本主义理念。

第四，对优秀外语教师的课堂教学进行观察和分析，分析他们的教学活动特点、知识经验结构特征、教学行为等内容。通过观摩，科学地分析，去粗取精，在自己的教学实践中灵活地选择运用，提高自己的课堂教学效果。

（二）善于反思总结

第一，对课前的准备进行反思。根据英语教学法知识、教育学知识、心理学知识等对所教授的对象、内容、目标以及所选择的教学方法进行反思，为以后的英语课堂总结经验，丰富理论和实践经验。

第二，对课堂的生成进行反思。依据课堂动态性的特点，及时反思课堂教学中与教学设计差异的部分，并及时记录动态生成的过程，以此丰富课堂教学活动。

第三，对课后的成效进行反思。对整堂课的前后设计和实施进行整体反思，对自身的优缺点进行归纳总结，形成反思习惯，提高自身专业化水平。

（三）实现研究升华

第一，注重研究英语课程标准。通过对课标的研究，深刻把握大学阶段英语课程的目标和性质，对正确理解教材，深刻把握教学内容，恰当实施教学行为提供了理论保障。

第二，注重研究大学生的认知心理。通过对大学生认知心理的研究，准确把握不同心理特点的学生的不同认知特点，为教学活动的设计提供理论依据和可行性。

第三，注重研究英语教学法。通过对英语教学法的研究，丰富自身的教学理论知识，为自身课堂教学行为提供理论指导。同时不断提高自身的教学技能，为课堂教学行为的不断创新打下坚实的基础。

（四）实施互动引导

第一，注重教师与学生的有效互动。英语课堂上，教师要注重师生互动的有效性，减少形式上的互动，引导学生主动探索，对于学生的主动发问予以及时正面的反馈，鼓励学生主动发问。

第二，注重学生与媒体的有效互动。教师应该充分利用 e 时代的宝贵资源，将英语这门国际语言水到渠成地与媒体接轨，正确引导学生自主有效地进行网络学习英语，同时，教师应该有完善的课上课下相衔接的课堂体系，以真正促进学生与多媒体互动的有效性，使学生真正融入 e 时代，使自主学习英语形成良性循环。

第二节 间性理论

一、间性理论原理

根据大学英语的语言课程性质，可以知道，语言是建构人主体性的重要媒介，并且为人类表征世界提供资源，所以我们从学习语言的主体性出发，研究大学英语课程教学系统，得出的结论是：大学英语课程的教学系统中以教师与学生的双重主体性为主要构成。而在功能言语的视角下，功能性言语具有概念功能、人际功能和语篇功能，所以功能性言语标记可以使主体间性成为可能。在语言哲学的视域中，对主体性和主体间性的建构过程进行考察，可以看出，人的主体性在语言的作用下走向主体间性是一种哲学的必然发展趋势，所以我们要通过对以下相关间性理念进行辨析理解来明确间性理论原理的内涵。

（一）媒体间性

媒体间性也可以称为媒体相互性，具体指的是媒体之间从信息内容到技术形式在社会间性基础上的综合、整合、转换与演变，是现代媒体间的相互关联。因而所有的媒体都兼具个性与共性特征，媒体间性就成为媒体在共性基础上与个体差异性之间的桥梁。

媒体间性主要由媒体之间的剩余和局限决定。媒体剩余是一种媒体的方式，具有以自身优势补偿其他媒体缺陷的特长，使其有可能成为其他媒体的补充和编码方式。例如，汉字具有媒体剩余的特征，作为一种媒体的方式，其会意字的特点成为蒙太奇手法产生的重要启发，意象派诗歌也是从汉字中汲取了灵感的表现结果。媒体局限是一种有自身表达局限的媒体方式，因而需要借用其他媒体符号的编码方式来补足自己。例如，汉字的非表音现象是其局限性的部分，所以借用拼音系统的语音编码方式来补足汉字的这一局限，而汉语的同音性质又需要汉字的视觉来分辨。

每一种媒体都有自己的剩余和局限，但是不同媒体之间的编码方式可以互相依赖、影响、借用或转移，这就是媒体间性。媒体间性也有其方式，具体指不同媒体之间编码方式的配合关系和转换规律，我们也可以称之为不同媒体编码的相互关系方式，也叫媒体编码方式的转移。

新媒体在教学系统中的应用，强化了教师主体间和学生主体间的主体间性，其多向性和互动性特征也加速了主体间性的进程。

(二) 语言间性

语言间性具体指语言的指称功能、交感功能和意动功能间出现的错位和不协调，也就是说，是语用双方主体在沟通过程中客观存在的空间障碍。这一“间性”存在的原因，是语言内在的差异性，以及由差异性带给语用双方在理解度上的波动性，这种波动同时也是语言系统的开放性与封闭性并行的二元性表征，即语义的二元性。此外，语义的弹性特征也为语用双方的沟通提供了可能。

中介语(Inter Language)是第二语言学习者在学习第二语言的过程中形成的一种特定语言系统，成为二语习得研究领域中的一个重要概念。中介语的语言系统在语音、词汇、语法、语用等方面与母语和目的语都有区别，但在学习的过程中，中介语是逐渐向目的语的正确语音、词汇、语法、语用等方面靠近的，因此中介语是动态的、不断发展的，它随着学习者学习程度的加深而发生正确的调整，是在母语与目的语之间的过渡性语言系统，成为第二语言习得过程中的必经之路，是语言主体间性的一个重要表现。

除此之外，在宏观国家层面，中西语言文化交流史中的语言同化与异化现象也为语言的主体间性理论提供了佐证和补充，并为语言的发展及如何保持语言文化的多元性提供了参考。因此，在国家宏观语言政策中对语言间性和中介语给予了高度重视。

(三) 文化间性

文化实际上是一直处于流动、变化之中的，从一个文化诞生之日起，它的本真意义就在发生变迁，因此文化同它自身的“差异”一直存在，且不可避免，例如，道家思想作为中国传统文化的一部分，已经诞生并延续了五千年，其自身也一直处于意义的变迁中，而跨文化传播使得这种“差异”发生的历史背景变得更加复杂，因此道家思想的意义则会经受更大的“动荡”。

文化间性也被叫作跨文化性，是间性思维模式应用到文化领域派生出的间性问题，换句话说，也就是西方哲学中的主体间性问题在文化领域中的具体体现。因此，文化间性从属于两种不同文化的主体之间，表现出文化的协同共存、交流互动和意义生成等特征。总的来说，文化间性是整个跨文化研究的重要元理论。文化间性，简单地讲，就是在两种乃至多种文化之间发生的融合。

文化间性(Inter Rultural)是德国哲学家哈贝马斯作为一种文化哲学术语率先提出的。哈贝马斯是间性理论的重要研究者，在他的论著中，将构成文化间性的要素表述为文化 A、文化 B 和它们之间的交互关联。这里的“交互关联”不同于常见的“多元文化”“文化杂合”或“文化融合”等形似词汇，并不是将文化放置在一起的简单并存或并列，而是突出强调了文化 A 与文化 B 之间发生意义关联、交互作用时所呈现出的特质，所以这种交互关联被称为文化间性特质。

文化间性特质产生的原因是，文化 A 与文化 B 都是以自身特定视界来梳理对方文化的，因此在“看待”“关注”和“吸收”对方文化时都是建立在自身理解基础上的，那么呈现出来的意义就不再是源文化静态的意义，而是由对方“理解”过的意义。这种意义产生于不同文化间交互作用的产生过程，就是文化的间性特质。通过对哈贝马斯理论的进一步学习，还可以发现，文化间性的生成逻辑、肌理关联都离不开对“差异理论”“视域融合”“‘他者’理论”这三个要义的理解。

苏联文艺学家巴赫金对“他者”理论作了很好的阐述，他说：“我面对着你，能看到你所看不到的东西：你背后的高墙，天空中的云彩，你的前额，反之亦然；正如你把我置身于空间中的某个位置一样，我也把你整个地置身于空间中的某个位置，但是我不能看到整个自我(如前额)，没有你(他者)的视域的帮助，我就不能确定自己身置何处。”巴赫金通过这样的比喻，表达的“共性”含义是人在产生自我意识时，不能没有他者，没有他者作参照，自我就不存在了，所以存在即共存。

作为文化间性重要构成主体的文化 A 与文化 B 自然就成为彼此的他者。一方面，文化在与“他者”的交往中发生意义重组才有价值，文本的实际意义也是在与“他者”的互动中生成的；另一方面，文化间性要求进行文化对话，倘若没有“他者”，那就只能是独白话语。因此，“‘他者’理论”也是文化间性问题上十分重要的一个视角。

在大学英语的专业教学中，通过文化间性研究，有助于培养学生与目的语相关的跨文化素养。

（四）文本间性

文本间性也叫互文性，是一个确定文本与其他文本之间的一种关系，而这些其他文本一定是这一个确定文本所引用、改写、吸收、拓展或加以改造而成的。

任何一个文本都以这样引用、改写、吸收、拓展或改造的方式创作，所以都包含着各种可辨认形式的其他文本。文本间性实质上是语篇间性，既包括“跨文本性”(Transtextualitv)，也包括“文本关涉性”(Interlextuality)。跨文本性是不同特定文本之间的关系，文本关涉性是某一文本通过记忆、重复、修正而向其他文本产生的扩散性影响。

文本间性理论吸收了解构主义、新历史主义、后现代主义等流派的合理因素，被用于文学批评、翻译、语言教学等领域，并在理论阐释上不断创新。例如，有学者根据文学研究提出的“复合间性”理论认为，“复合间性”兼具“文本间性”与“主体间性”的特质，同时，又是超越了这两种间性的更高的“间性结构”。由于文学“复合间性”是由“作者—文本”与“文本—作者”的互动，“读者—文本”与“文本—读者”的互动共构而成的，而无论是读者还是作者都具有“主体间性”，文本也是被置于“文本间性”的视野内的，所以，它们共同形成的网络结构就成为一种具有交互性的对话体系。

二、间性理论在大学英语课程中的重要作用

通过分析大学英语课程的学科属性及其教学系统的四要素，我们认为，主体

间性、媒体间性、文化间性、文本间性等间性理论视角是探讨解决大学英语教学的重要哲学基础。

教育技术与大学英语课程的整合充分体现了间性理论作为现代外语教育哲学基础的重要性。教师、学生、教学内容、教学媒体四大要素不是简单地、孤立地拼凑在一起，而是彼此相互联系、相互作用而形成的有机整体。在现代信息技术条件下，现代教学媒体的作用越来越显著，它改变了其他要素及它们之间的关系，极大地提高了系统内部各要素之间信息传递和转化的效率。

首先，对于教师主体来说，教学媒体是组织、实施教学的一种重要工具，恰当地媒体运用可以减轻教师的常规工作，促进教师与学生主体之间的互动；对于学生主体来说，媒体则是一个认知和交流的工具，有利于学生有效地获取知识、发展认知能力、提高认知水平。根据主体间性，教师主体与学生主体之间具有显著的交互性，学生主体的中心地位离不开教师主体的主导作用，这是“以学生为中心、以教师为主导”教学思想的哲学基础。

其次，在现代信息技术条件下，师生主体都是具有一定媒体素养的人，而且往往具有一定的不平衡性。由于信息技术的迅猛发展，学生的信息素养可能会优于年龄较大的老师，在教学过程中学生可能会在新技术应用方面发挥着重要的作用，影响着教师主体及教学结构。

再次，新媒介条件下，教学内容资源化趋势明显，教材也从传统的单一的印刷图书转变为立体化的教学资源，教学内容更具多样性，并易于获取，在媒体形式上呈现出多元化、数字化的发展趋势，而且，师生主体都参与到教学资源的共建之中。现代教学媒体作为一种表现工具，可以最大限度地优化教学内容，从而缩小教学内容与师生主体之间的距离。

第三节　主体间性哲学

主体间性哲学在西方现代哲学中得到了很好的阐释，经过胡塞尔、海德格尔、萨特、哈贝马斯等著名西方现代哲学家的不断探讨，各学派都对主体间性哲学进行了引入和再研究。其实，在我国的古代哲学中，主体间性思想早已存在，但由于缺乏体系性和实用性，学界研究的人比较少，并未形成规模，所以我们对主体性哲学的了解主要从西方哲学的角度出发。

主体间性哲学经过笛卡儿的主体性哲学思想奠基，由胡塞尔确立，并将其推向极致。由胡塞尔对主体间性进行深刻而富有启发性的阐释之后，海德格尔、伽达默尔、哈贝马斯、马丁·布伯等人继续对此进行了卓有成效的阐发，从而使“主体间性”这一哲学概念在不同领域得到深化和体现。

主体间性理论是西方现代哲学各个流派围绕着共同论域、从不同维度对大致相同的问题研究所展现的哲学理论倾向，在这种共同的理论倾向中，现象学、解释学、分析哲学、语言哲学、科学哲学等分别以直接而明确的方式提出了主体间性范畴，并从认识论、存在论、社会学、伦理学及价值论等不同的层面和维度对主体间性进行了研究，形成了西方现代哲学主体间性理论的整体图景。

一、主体间性与主体性

自人类产生之时起，只要有人类和人与人之间的互动，就有了主体性和主体间性，并且这两者是相互依存，密不可分的，就像连体婴儿一样谁也离不开谁。后来几千年人们之所以一直局限于主体性的困顿和迷惑中，没有提出主题间性理论，是由于剥削制度的产生以及其几千年的统治，蒙蔽了人们的双眼。直到 19 世纪，随着资本主义经济危机的发生，很多哲学家意识到资本主义社会不是人间天堂，而是充满暴力和虚伪的、丑恶的社会，经济的发展、物质的富裕并没有掩盖人类精神的空虚。对于社会出现的这些新问题，往往是敏感而富有才智的哲学家首先觉察并对其进行研究。1913 年，现象学大师胡塞尔提出“主体间性理论”这个词，才使处于剥削制度下的受奴役的人意识到自己的存在，意识到自己也是和别人具有平等地位的主体。后来，许多哲学大师，如海德格尔、萨特、哈贝马斯等。对主体间性理论进行了研究并对主体性和主体间性的异同进行了区分。

19 世纪末 20 世纪初，西方哲学开始转向现代语言哲学，在某种意义上来看，这种转向标志着主体性哲学转向了主体间性哲学，“间”(英文词缀 inter)意为“在……之间”。从本体论来说，“间”揭示了主客观事物存在的普遍方式，主客体都不可能孤立地存在，主客体只有在相互“之间”的作用与影响中才能生存。

间性(Inter Sexuality)的概念最早源自生物学研究，因在神经心理学、认知科学等领域的相关研究和发现而备受关注，逐步应用于哲学、美学、文学、艺术、教育等人文学科，并成为一种新的理论共识。所谓间性，主要指一般意义上的关系或联系，间性理论作为主体间性(Inter Subjectivity)、语言间性、文本间性(Inter Textuality)、文化间性(Inter Eulturality)、媒体间性(Inter Mediality)等诸理论观点的综合，强调“你中有我，我中有你”，其哲学理论基础是主体间性。

主体性是主体间性得以成立的前提。主体性不是仅仅相对于客体而言的基于自我意识而生的纯粹主动性、自主性和超越性，主体性还有进一步的规定性，即主体性是人本质的生存方式，主体性是人的本体存在特征。这种本质方式和本体论特征是指人作为生存实践主体，体现于伦理关系、生存关系和社会关系等等总体性的构成领域。所以，没有主体的存在和主体性的确立，也就无从谈论主体间性。

主体间性是主体性和谐意义形态上的表达，是主体之间的关联形态，是主体之间的影响和作用，是主体性完整意义的表达。如果没有主体间性，主体性就永远不能获得圆满。在主体间性理论提出以前，人们总以自我为中心，强调自己的存在，否定他人的一切，这就导致了人与人之间的剥削、相互踩压。这时的主体是把自己利益最大化的主体，藐视一切，最后导致了人与人、人与自然之间关系的恶化，而主体间性强调人与人之间的和谐共存，使主体性得以回归。

总之，主体的存在和主体性的确立必须奠基于人的活动、人的能力、人的需求和人的理想，也就是人之为人的内在本质属性。但是，人的这种活动、能力、需求、理想不是主体个人的特立独行，不是内在、天赋的，不是主体主观自生的，不是主体空幻、缤纷的遐想，相反，它们深深地根植于生活世界，生发于人类的共同性的活动，源自于主体间的交互性作用和交互性关系。主体性意味着主体间性、关联着主体间性、依赖着主体间性。

二、主体间性与交往

主体间性与交往这两个范畴在理论研究中常常被混淆，或未加以明确的区分。

主体间性是一个关系范畴，而交往则是一个活动性范畴和实践范畴。“主体间性”由不同主体基础上的共同存在而引发，或者以不同主体的共同存在为直接前提和背景而萌生出的各种现实或可能的关系；“关系”以不同主体之间的直接的、现实的交互作用为内涵，这就意味着主体间性并不必然具有直接的现实性品格，而交往则是指具有直接现实性品格的主体间关系。

主体间性不仅包含各种现实的、实际的关系，而且牵涉着人的可能世界、可能生活中的种种潜在性关系，如精神层面、知识层面的关系维度以及价值层面、生存理想层面的关系维度。知识论方面的主体间性诉求、生存论方面的主体间情结、宗教哲学中的类存在关系，都不是严格现实意义上的交往形态。所以，主体间性在内涵上广于交往，多于交往，也高于交往，这是二者的区分。但是二者更有着深刻的联系，因为主体间性的所有现实和可能的关系都必须以起码的交往和实践关系为基础，也就是说，主体间性必定以生活世界和现实世界中人与人的实际的相互作用为存在的前提和背景，任何交往都是主体间性的现实化、实践化和对象化，是在具体的时空视域中展现出来的主体间性，是主体间性生活世界的表现，是主体间性的定型化、结晶化或具象化。

交往构成的世界是具体的生活世界，交往形成的联系是实际的联系和现实的关联。知识论和意识哲学层面所蕴含的交互主观性关系，是以人在生活世界中的交往实践关系为根基的。认识论形态的主体间性理解不能是突兀产生的，对主体间性的理解不是无源之水。实际上，主体作为生活共同体、交往共同体、文化共同体，得到的认识成为交往成立的根据，同时，主体间性能够作为一个理论问题而存在，是以主体在认识实践中的误解、障碍、差异、冲突为契机和条件的。寻求知识的客观性必然意味着认识的私人性、多元性、主观性和相对性，而人们的价值关系也是从自身在生活实践的具体需要中产生的，这种具体需要包括真正的个人需要和真正的共同社会需要，因而是从属于或契合于人的实际生活需要的。

人的理想和未来生活同样以当前的现实生活为基础，理想和可能既根植于生活、深藏于生活，又是对生活的出离和超越。

总而言之，主体间性范畴不能混同于交往范畴，又不能将两者隔离，而这完全是因为主体间性本身既不是等同于人的交往实践，也不是在根本上脱离、超越于人的交往实践的。从根本上说，交往范畴可以涵盖互动、冲突、共在、共同体、公共性、理解沟通等等不同领域。这些领域中的主体间性问题都可以说是构成交往理论的“支脉”和“神经组织”。

三、主体间性与他者

在实际的哲学形态中，主体间性理论和他者理论是合二为一的，或者说，就是同一种理论的不同说法和称谓而已。所有的主体间性问题在逻辑上都指向他者，在这个意义上，主体间性理论就是他者理论。作为理论，二者是合一的，但作为范畴却不是等同的。

主体间性是关系范畴，而他者是存在范畴。主体间性是指在存在多个主体的情况下它们之间的互动、关联、作用和影响。他者则是指在以“我”为参照的情况下，出现了一个独立于、不同于我本身的另一种存在。他者的存在意味着人的界限和区分，同时也标志着人的个体性方式和独立性方式。

主体间性的可能性以他者的存在为前提，没有他者，根本无法谈论主体间性。在关于他者范畴的理解中，通常有一种文化哲学和社会哲学层面的取向，譬如，后现代哲学中有一种“他者妇女理论”，其中的“他者”是指被边缘化的弱势群体。对于他者范畴，我们是在广义上、从存在方式上进行立论的，主要是指不同于自我主体的另一个主体，“我”与他人的关系在存在论上是多重的。

四、主体间性与客观性

客观性概念属于认识论范畴，是一个相对于主观性而言的关系范畴，是指主体对于客体的认识或知识具有与对象、事物本身相符合的性质。客观性不是指主体超越于主观，与主观性完全无关，相反，它与主观性直接相关，并以主观性的存在为前提，没有主观性，便没有可能谈论客观性，因为正是主观性的存在使客观性成为一种问题产生出来。客观性是主观性的一种特征、状态和属性，是主体以“真”为尺度使主观适应事物和对象的一种关系样态。处于客观性状态的主观性绝对不同于和超越于认知主体的主观任意性和个人主观随意性，也不同于基于主体需要和“移情”而产生的价值关系和审美关系。这使知识的客观性与主体间性建立起联系成为必要，也就是真正的知识、客观性的知识要超越个人，具有主体间的普遍有效性，即知识具有对所有认知主体都有效的特性。

知识就其本身而言，在真正的意义上，不是个人的专有物和专利，它不但是超个人的，而且是超越地域、超越国家、超越民族的，具有真正的人类共同性。当然，本书所说的知识不是指价值知识和审美知识，而是指事实知识。哲学家康德关于主体间性的理解模式就是在客观性的基础上立论的。他主张知识的客观性就是知识本身具有主体之间的普遍有效性和普遍必然性，二者是等值的、可以相互替换的，例如，现代一些实证论者主张科学知识来自于科学家共同体的共同约定和共识。

我们认为，主体间性并不是知识的客观性标准，主体间性范畴也并不等同于客观性范畴，二者绝不能混为一谈，因为它们更为主要的差异在于主体间性范畴并不局限于认识论上的普遍性要求，主体性范畴更广阔、更丰富的内涵是主体之间的生存论关联以及历史社会关系。

作为20世纪西方哲学凸现的一个范畴，主体间性理论是一种反主体性、反主客二分的近代哲学思想和思维模式，强调主体与客体的共在性、平等性，关注主体间对话沟通、作用融合及不断生成的动态过程。主体间性理论的繁荣主要开始于胡塞尔倡导的现象学运动。现代西方哲学中，很多流派都从不同角度对主体间性问题做了探讨，出现了各种流派，如伽达默尔基于解释学理论视角的“视域融合”说，基于社会交往理论的交互主体说，以及海德格尔基于生存论哲学的主体间性理论等等。由于本身的局限性，这些理论并没有真正解决主体间性问题。主体间性问题应当在马克思主义哲学的视阈下寻求科学辩证的解答。

作为当代哲学的世纪之谜，主体间性理论视角尽管具有自身的缺陷和局限性，但还是成为不同研究领域和研究方法的交汇点，并逐步衍生出一系列基于主体间性哲学观的理论视角，如媒体间性、语言间性、文化间性、文本间性等。间性理论为美学、文学、文化学、社会学等各学科研究，特别是为跨学科研究提供了哲学基础，也为外语教育研究开阔了新的视野。

第四节　间性哲学理论指导下的英语课堂教学原则

通过对以上哲学理论的了解，我们不可否认的是间性理论对大学英语教学改革与研究具有方法论意义，并且具有重要的指导性作用。

毋庸置疑，间性理论对大学英语教学改革与研究具有方法论意义和针对性的指导作用。主体间性的研究有助于师生更新教与学的观念，有助于师生之间、学生之间的互动，还有助于学生的个性发展；媒体间性的研究有助于媒体的组合、配合、融合与创新，有助于多媒体技术与大学英语课堂教学的深度融合，有助于改进多媒体、多模态课堂教学效果；文本间性的研究对于语篇层面的语言学习非常重要，特别是在文学作品欣赏、话语分析、翻译及其研究中是一个重要的研究视角；文化间性的研究则有助于凸显外语教学的跨文化特性，有助于构建起新型的大学英语教与学的文化，培养学生的跨文化素养。

一、基于主体间性的交互性教学原则

坚持主体间性的语言观和外语教学观，有助于还原外语教学的本真特点。主体间性所提供的新的哲学范式和方法论原则，将对外语教学的目的、过程和师生关系等产生积极而深远的影响。在外语教学活动中，教师和学生是活动的主体，以课程、教材及其他教学资源为载体的教育内容构成他们共同作用的客体，其实践结构的模式是“教师——教育内容——学生”。

主体间性理论的实质是主体交互性，目前我国高校大学英语教学中普遍遵循的“以教师为主导、以学生为中心主体”的教学原则就是主体间性理念的重要体现。一方面，主体间性理论强调主体间的主观性和能动性，重视文化深层交流中

体现出来的诸如和谐、平等、相互尊重等人性；另一方面，主体间性理论并非完全否认主体性，而是认为主体性应该以主体间性为基础。

主体间性理论给我国高校的大学英语教学带来的启示是：既要强调主体互动，又要注意学习者的个性差异，教育活动是学生的主体性和主体间性的统一。师生之间应该以平等、自由、相互理解、默契合作为出发点，通过平等性和指导性共融，共识性与创新性共融，差异性与共通性共融，交互性与发展性共融等机制，构建起动态的、健康的师生关系。这就对教师提出了新的要求：首先，要转变教学观念，尊重学生主体地位，突破传统的教学认识论，确立“主体交流——主体参与活动——发展”的现代教学观念，不断探索和适应教师的多元化角色；其次，要求教师根据交互性教学原则，能够改进教学内容和组织方式，创新教学方式和手段。在主体间性理论的影响下，如今的高校教学正朝着民主的课堂、多元的主体、丰富的教学活动等新形式发展，主体间性理论也早已成为教师进行教学设计的基本观念。

主体间性视域下，师生主体的定位至关重要。共治和团队合作是教师最需要的文化价值观，教师首先需要关心的不是在教学中使用什么样的新媒体，而是如何同时发挥教师自身主体作用和学习者的主体作用，如何与学习者主体分享话语权，分享知识和经验，共同协作完成教学目的；对于媒体的规划和应用，只是为实现团队合作效益最大化的方式。在肯定交互性、协作型学习价值的同时，并不排除学习者独立发展新知识的可能性，因为分布式认知和个体认知在有效的学习过程中是相互作用的。基于学习的建构性特征，学习是累积式的，学习者通过旧知识和已有的技能，不断发展和建构新知识、新技能；同时，学习具有个性差异，体现在学习者的能力，学习观念，学习风格和策略，学习兴趣和动机，自我效能感的信仰和情感等多方面，教学中必须对这些个体差异充分考虑。

教师和学生的角色相辅相成。在宏观视角下，教师要做“教学的主导者”，相应地，学生要成为“学习的主体”，教师要做“自我创新者”，而学生则要做“自主管现者”和“有创新能力者”；在信息技术与外语课程整合的情况下，教师要做有效的引导者和启发者，而学生应做自主学习者、协作建构者；在微观视角下，课前的教师是“课程的设计者和开发者”，而学生是“知识的探求者”。在课堂上，教师应做“学生能力的培养者”“课堂活动组织者”“学习策略培训者”和“学习过程评价者”，而学生应做“能力锻炼者”“课堂活动参与者”“学习策略实践者”和“学习过程表现者”；在课后，教师应做“协助者”和“学习资源提供者”，而学生应做“学习的巩固者”和“学习资源的有效利用者”。

在教学过程中，学生作为发展的主体，除了与教师之间以共同的教育内容为中介而建立的“主体——主体”的交往关系外，与教育内容之间的“主体——客体”的对象性关系，就是学生的学习活动，在学习活动中，通过主体客体化和客体主体化的双向环节，学生在认识和改造教育内容的同时，也在建构着自身。换言之，受教育者不是把自己的意志强加给文本，也不是受教育者对文本固有意义的认知或构造，而是他把文本由客体变成主体，并与之对话。通过与文本的对话，实现自我视界与文本视界的融合，从而扩大自己的视界，形成一种新的视界。

交互性原则不仅是一种教学组织原则，而且也是一种学习行为原则，因为它不仅反映一名教师的教育理念和课堂教学方法，而且反映出学生的学习理念和有效的学习策略。

二、基于媒体间性的英语课堂教学原则

探讨媒体间性，有利于对课堂教学媒体模式和模态形式进行创新。媒体间性本身不是一个新生事物，随着新媒介时代的到来，媒介融合日益深化，人们越来越关注媒体间性的研究。

媒体间性通常有三层含义：第一，指不同媒体的综合与配合，即多媒体；第二，指同时运用几种模式的交流，即多模态；第三，指具有构件属性的媒体之间相互融合、相互依赖的关系。因此，多媒体、多模态、超文本性等都成为媒体间性的重要体现，它们改变着人类关于识读能力的界定和标准，因而也改变着教学理念、教学手段和教学方法。新媒介为学生创造了无处不在的学习环境和立体化、数字化的“泛在学习”模式，为课堂教学注入了新的活力，强化了学习意义系统，扩展和改善了人际社会互动，构建了丰富的学习生态环境和学习文化。

新媒介技术支撑下的教学系统不是一个孤立和封闭的系统，而是一个开放和动态的系统。在教学媒体要素的强烈作用下，教学系统各大要素都融入了一定的技术因素，使得教学系统更加复杂和多变，也正是现代教学系统的这种复杂性和多变性为大学英语教育教学改革创造了广阔的发展空间。在这些复杂的教学系统要素交互关系中，需要特别强调的是师生之间、学生之间的有效交流和学生对于技术的灵活运用能力。师生之间、学生之间的多重交流，一方面体现为课堂内师生之间和学生之间的直接对话与间接对话，如体态语言或眼神的交流，这种对话通常是即兴的、随性的，但也是最真实的，正是这种真实的交流促进了学生对教学内容的深层次理解，也促进了学生独立构建语义网络的能力，以及协作共进的素养；另一方面，由于计算机网络技术在大学英语教学中的普及，基于网络的或真实或虚拟的师生交流、学生之间的交流互动，以及学生的自主学习大大拓宽了教学的边界，成就了学生的个性化学习成长，培育了学生的团队意识和合作精神。

新媒体对大学英语教学的影响是多层面的，体现在教和学的各个方面，教师必须与时俱进，既要积极探索多媒体、多模态的教学，也不能盲目夸大媒体的作用。因为新媒介时代的教学设计很容易把技术作为中心，而忽略了学习的中心地位。以技术为中心的设计，侧重于技术能够做什么，技术是教学的工具，其目标是使用技术辅助教学；而以学习者为中心的设计，关注的是大脑学习的机制，技术是学习的助手，其目标则是运用媒体技术促进学习。多媒体学习认知理论根据认知科学关于工作记忆、长时记忆等的研究发现，提出了多媒体学习的双模加工(Dual Channels)、能力有限性(Limited Capacity)、积极加工(Active Processing)等三个重要假设，认为人们对语言和视觉图像加工各自独立，一次只能对有限的声音或者图像进行加工，有意义的学习依靠积极、恰当的选择、组织和集成等认知处理。根据多媒体学习认知理论，在教学设计中：一是要采取连贯性、侧重性、冗余性、空间连续性、时间连续性等原则，消除与学习目标无关的认知过程；二是要采取分段原则、预演原则和模态配合原则，管理好呈现学习材料的心理过程及材料内在复杂性等认知过程；三是要采取多媒体原则和个性化原则，通过组织、集成等深层认知，促进产出性的认知过程。多媒体学习认知理论对于多模态英语教学具有重要的指导意义。

运用多种设备，调动多种感官，不仅是数字媒体的表征，更是交互性原则和跨文化原则在教学实践中的实现。多模态教学极大地丰富了外语教学资源，拓展了意义表达的方式，促进了教师角色的多元化和教学资源的数字化。信息技术的不断更新，使学生可以选择利用在学校网络自主学习中心的多媒体机房、语音教室、校园局域网、网吧、手机、iPad 等多媒体条件进行学习，为学生创造了立体化、数字化学习环境。教师必须与时俱进，积极探索多媒体、多模态的教学与研究。

在经济全球化、交流信息化、文化多元化和语言多样性的背景下，新的交际媒体正在重塑我们使用语言的方式。为了适应现实生活、学习、工作的数字化需要，学生要熟练地进行多模态的交流，学会运用多媒体收集和分析信息，还要学会运用故事、报告等不同的文体以及书面、视觉、口头、色彩等多种模态，开展有意义的数字化学习和交流。数字化交流远远超越了传统的文字和文本模态，还包含了静态图表、画面、动画、色彩、音乐、录音等。多模态化是数字化英语教学的重要特征，大学英语教学面临着向数字化、多模态化的教学转型发展。

三、基于文化间性的跨文化教学原则

在世界经济全球化、交流信息化、文化多元化、语言多样性的时代背景下，外语教育政策是国家语言战略的重要组成部分。自 20 世纪 80 年代以来，大学英语课程在我国高等教育中的地位充分反映了我国转型发展的坚定性和连续性。

文化间性作为跨文化哲学的重要范畴，表现出多元文化的共存、交流互识和意义生成等特征，其复杂性体现在它既以语言为基础又超越语言的隐型间性。大学英语教学中，教学理念、教学模式和教学方法要以主体间性为基础，我们要把文化间性原则贯穿其内，还要根据媒介间性，通过媒体创新，推动文化的交流、传播及多重文化资源的开发利用。例如，随着数字化移动通信工具在高校学生交流和学习中的普及，过去课堂教学中曾经被视为干扰物而被老师强令关机或静音的手机，现在却随着“微博”“微信”等新媒体的诞生而应用于课堂交流与互动。

这个例子表明，手机作为一种媒介，过去仅仅是打电话、发短信等日常交流的工具，所以在课堂上被禁使用，但随着“微博”“微信”等新媒体的应用，手机不再只是作为打电话或发短信的交流载体，而在某种意义上成为一种有效的教学互动工具。这里，“手机”媒体被赋予了新的内涵，不仅成为一种新的信息表达和交流的模式，还改变了教师的教学理念、教学模式、教学方法，促进了课堂互动的学习文化。

跨文化性也是大学英语课程教学的固有属性，它不仅体现在课程设置、教学计划、教学组织、教学资源建设等方面，也体现在学生的学习内容、交流方式和社团活动等方面，既能反映一个学校的文化风貌，也能反映一名教师的跨文化素养和教学水平，更有助于培养学生的跨文化交际意识。

四、基于语言间性的外语教学原则

大学英语的课程性质以及大学英语教学研究的学科属性决定了大学英语课堂教学除了应该遵循上述交互性教学原则、多模态教学原则、跨文化教学原则外，还必须遵循外语基本教学原则，基于中介语、母语迁移等二语习得理论的教学原则。

五、基于间性整合的教育生态学原则

上海外国语大学陈坚林教授曾在接受《信息技术与外语课程的生态化整合》专访时说：“随着基于计算机和课堂的大学英语教学模式的普及，仅仅运用建构主义已经很难解释信息技术进入外语教学领域后究竟如何发挥其强大功能的问题，比如，当我们使用信息技术进行外语教学时，设备突然出现故障，信息技术这时无法发挥功能了，对于这种状况，建构主义是解释不了的，这就要求我们为信息技术与外语课程的整合找到更合适的理论基础。生态学理论就是一种重要的理论选择。”

教育生态学(Educational Ecology)是教育学和生态学相互渗透的结果，它依据生态学的原理，特别是生态系统、生态平衡、协同进化等原理与机制，对各种教育现象及其成因进行研究，进而掌握教育发展的规律，揭示出教育的发展趋势和方向的一门学科。教育生态学以生态学观点来研究教育与外部生态环境之间的必然联系，并且研究教育内部各个环节、各个层次之间本质的必然的联系，主要包括迁移规律，平衡与失调规律，竞争机制与协同进化规律等。

把生态学原理和方法运用到大学英语教学和研究中，对构建真实的课堂具有重要的方法论意义。课堂是一个生态系统，它由教师、学生、教学事件和环境等组成，根据主体间性哲学观，课堂生态主体与课堂生态环境之间，课堂生态主体内部之间都发生着各种各样的联系，这使得课堂形成了一个有机的生态整体。生态化的课堂是充满着生机与活力的课堂，这样的课堂具有整体性、协变性和共生性等基本特征，发挥着滋养、环境参照、动力促进和制度规范等生态功能。探索有效的大学英语课堂教学，应当综合运用主体间性、媒体间性、文化间性、语言间性等不同的认识论、方法论，探索强化课堂效果的各种生态功能。

大学英语专业教学的理想状态应当是生态化的教学，大学英语教学应当综合运用间性理论、教育生态学、建构主义学习理论等，遵循交互性教学原则、多模态教学原则、跨文化教学原则及二语习得教学基本原则，构建一个多元、动态、系统的大学英语生态化教学模式，全面整合、协调多媒体网络与大学英语教学各个要素的生态平衡，全力推进大学英语教学改革，实现多媒体网络环境下大学英语教学效能的最大化。

数字化学习(E-Learning)、泛在学习(U-Learning)等模式，为大学英语课堂教学注入了新的活力，为师生开展各类以语言输出为驱动的、真实的、有意义的教学活动提供了优良的技术条件，有助于开展有效的生态化课堂教学。同时，网络教学条件下，学生可以通过情境学习(Situated Learning)，培养语言交际能力(Language Communication Ability)、思辨能力(Critical Thinking Ability)、“以文成事”能力(To Do Things with English Writing Ability)和社会责任感(Sense of Social Responsibility)，更能适应未来的生活和工作需求。

第四章　英语专业教学转型发展的教育学理念

外语教学的实践一再证明，语言教育是一个由各要素组成的多层面立体结构，除语言这个要素外，还与教育学、心理学、社会学等直接相关，涉及教材、教师、学生、教学目标、组织管理等诸多内容，远非语言学一门所能涵盖或取代。在“教育学—各学科的教学—外语教学”这样的路线流程中，外语教育显然应当归属于教育学，而不能简单地把外语教学划入应用语言学的范畴。

把外语教学纳入教育学的范畴，出发点是教育实践，重点是语言在教学过程中所起的作用，正是这些重要特征使得教育语言学成为一门独立的学科。从教育语言学的理论视角研究大学英语教育教学，无论在理论上还是在实践中都更具合理性。鉴于外语教学的教育语言学学科属性，我们在研究中重点从教育学学科领域中寻找大学英语教学研究的理论基础，特别是教育学、心理学、课程与教学论以及其他与教育学整合而形成的交叉学科理论，如教育心理学、教育生态学和外语教育技术学。

第一节　课程与教学论

课程与教学论在大学英语教学研究与实践中的作用和地位毋庸置疑，本书不对课程论这一大系统进行全面的探讨，只从大学英语课程教学的实际出发，简要讨论内容依托教学法(Content-based Instruction，CBI)、多元识读教学法及教学设计理论。

一、CBI 理论

CBI 理论起源于 1965 年在加拿大蒙特利尔开展的沉浸式语言学习项目。作为一种教学模式，内容依托教学法将具体的专业内容与语言教学的目标相融合，同时传授学科知识和外语技能，为我国的大学外语教学提供了一个新的视角。

CBI 理论改变了传统教学中“先输入后输出”的教学模式，让学生在学习“内容”的过程中，大量使用目的语来完成口头活动和书面活动的任务，实现从语言输入(Input)、吸收(Uptake)到语言输出(Output)的良性循环。CBI 理论的核心教学理念在于：教师用内容话题而非语法规则或词汇表作为教学的框架，也就是说，把语言教学置于某个学科或某种主题内容教学之上，将语言学习与学科知识学习结合起来，在提高学生学科知识水平和认知能力的同时，促进其语言能力的发展。这样的教学既能为学生提供语言学习的动力和认知基础，又能为内容的学习提供语言交流的媒介。这种教学方式得到了交际功能理论、图式理论、第二语言习得理论、认知学习理论以及建构主义学习理论等研究的广泛支持。

CBI 理论的教学原则体现在：以学科知识为核心，使用真实的原材料，适应不同的学生群体的需求。CBI 主要有主题模式、课程模式、辅助模式和沉浸模式这四种教学模式，教师可结合自身教学环境、教学层次、教学对象以及教学目的，选择性使用或者混合使用不同的教学模式。

研究与实践表明，CBI 的教学观具有这样几个显著的特征：

第一，真实的教学材料。语言是通过内容来习得的，而真实、系统的语言教学材料可以为学生学习语言提供有意义的语境，促进其有效学习。

第二，内容与语言相融合。对于非英语专业大学生来说，基于自己专业主修学科内容的学习，有助于促进语言输入、语言吸收和语言输出的良性循环。

第三，突出体验式小组学习和研究型学习。以输出为驱动的 CBI 教学模式不以学生出色完成任务为目标，而是强调学生积极学习教师提供的真实性学习材料，在输出任务的驱动下，主动寻找新的信息和材料，继而在教师的协助下，最终完成任务，并能展示学习成果。这样的研究型学习体验在传统的大学英语课堂中是难以实现的。

第四，内容学习、语言训练和应用及思维培养全面融合，相得益彰。除了实现语言和内容双重学习目标，通过体验式、研究型的学习，CBI 教学模式促使学生主动应用所学知识，这样就培养了学生的协作意识和批判思维意识。

第五，教师身份的根本转变。从“授人以鱼”到“授人以渔”，教师不再是单纯的知识传授者(Teacher)和语言训练者(Trainer)，而是整个课程的设计者(Designer)和课程活动中的协助者(Facilitator)。在某些学科内容较为专业的ESP(专门用途英语)课程教学中，学生的学习主体地位更加突出，任课教师往往不是学科“内容”方面的知识专家，在学科内容上可能还要拜学生为师，教师的职责主要是通过教学任务和教学活动的设计，协助学生有效地开展基于内容的语言学习，完成学习任务。

《国家中长期教育改革和发展规划纲要(2010—2020年)》指出：“适应国家经济社会对外开放的要求，培养大批具有国际视野、通晓国际规则、能够参与国际事务和国际竞争的国际化人才。”这是国家以政策手段赋予高等教育的任务。在高等教育国际化背景下，大学英语教学应该为学生专业需求和专业人才培养的总目标服务，培养学生学术英语交流能力，使他们能用英语直接从事自己的专业学习和今后的工作，在自己专业领域具有较强的国际交往能力；同时拓展其国际视野，提升跨文化交流、沟通、合作以及参与国际竞争的能力，以适应国家的经济和社会发展的需要。

近几年大学英语学术界召开的高端学术会议，都从不同侧面反映了高等教育国际化背景下面向专业人才培养的大学英语教学改革趋势，对与会高校代表深入开展面向专业人才培养的大学英语教学改革具有很强的理论指导意义和实践价值。其中，具有代表性的会议有中国教育语言学研究会、上海市大学英语教学指导委员会、中国外语教学专门用途英语研究会及上海大学于2013年4月13日至14日联合举办的“高等教育国际化背景下面向专业人才培养的大学英语教学研讨会”，会议将“面向专业人才培养的大学英语教学”作为主题，议题包括这样五点：第一，大学英语教学改革与学术英语；第二，专业人才培养与学术英语教学；第三，学术英语能力的培养；第四，基于创新、思辨、跨文化交际能力培养的大学英语教学模式；第五，高等教育国际化与大学英语师资发展。研讨会的与会专家普遍认为，大学英语教学改革是高校本科教学工程的重要组成部分，应纳入学校提高人才培养质量的重点工作，适应高等教育国际化和经济社会发展的需求，广大英语教师要更新教学观念，找准大学英语教学定位，改革培养模式，明确教学目标，重新设计教学内容，创新教学方法，提高教学质量。

探索面向专业人才培养的大学英语教学，教学内容及课程体系的改革是关键。随着高等教育改革，本科人才培养方案的改革也在深化，高校纷纷修改人才培养方案，普遍压缩大学英语课程的学分、学时。同时，我国高校学生学习英语水平不断提升，为了满足学生的个性化需要，调动学生的学习积极性，CBI 的理念在大学英语教学中得以广泛的应用。CBI 不仅成为大学英语教材编写的重要原则之一，也是教学实践的指导原则。广大教师充分认识到基于学生兴趣和专业学习需求的重要意义。在课程体系建设中，积极探索分类、分级、分层次教学，除了基础阶段开设综合课、视听说课等大学英语核心课程外，在大学英语提高阶段，还为学生开设英语口语、英语写作等语言提高课程，以及各种 ESP(专门英语教学)课程，充分满足学生的个性化需求。各种客观因素推动了高校大学英语课程体系的深入变革，大学英语教师密切联系本校学生学习实际，加强课程体系建设和教学团队建设，开发校本优质教学资源，提高大学英语教学水平。

二、多元识读教学法

时代的发展变化不断地更新着识读能力的本质及识读能力学习的特征，在全球化、信息化的今天，新的技术塑造新的素养，读写、交流都在发生着本质上的变化。以大学英语学习为例的传统识读观与现代识读观的详细对照如表 4-1 所示。

表 4-1　新旧识读能力对照表

传统识读观	现代识读观	观念演变及素养特征
过去的读写只代表“3r”(即 read write arithmetic)中的 2 个	现代的识读能力与数字素养密不可分	学习者的素养是贯通的，学习者能够很好地协调各种素养之间的关系，比如交流能力与多模态素养之间的整合
学生毕业后，是一个了解英美文化、具有跨文化意识、受过高等教育的人	学生是勇于创新、敢于冒险、善于协商和探究不确定性的具有个性魅力的人	在多变的、不确定性的环境下，要想进行有意义的、有效的交流，学习者首先要有较强的思辨能力，能够以不同的视角看待问题，在不同环境下，并在有效的交流过程中，不断学习和进步

续表

传统识读观	现代识读观	观念演变及素养特征
所选课文具有传统的文学欣赏价值	所选课文在选材上具有广泛性、多样性，在形式上具有多模态性	在教学中，“教材”的概念逐渐发展为“教学资源”；在出版业，改革的趋势是数字化、立体化与网络化
守纪律、有专业修养的各类人才	能够根据不同社交环境，用不同方式进行交流，具有国际视野和跨文化意识的人才	传统的人才观崇尚权威，培养的人才多墨守成规；现代人才观直面复杂多变的现实生活和协作意识，具有较高的个人能动性、挑战性和社会参与性

在经济全球化背景下，交流的多模态化、文化的多元化和语言的多样性不断加深。在此背景下，新伦敦小组(New London Group，1996)在《多元识读教育学：设计社会未来》(*A Pedagogy of Multiliteracies：Designing Social Futures*)一文中提出了“multiliteracies(多元识读)”的概念，针对当代识读教育如何服务于学生的人生规划和个人发展，提出了多元识读教学法(Multiliteracies Approaches Pedagogy)，在全球范同内产生了广泛的影响，成为当代语言教育的主流。多元识读教育是语言和文化的地域多样性与全球关联性显著增强的结果，也是新媒介时代交流表达形式多模态化的结果。

一方面，多元识读是全球化背景下文化、语言的多样性、多元化的结果。在全球化背景下，世界越来越小，英语被广泛应用于不同的文化和社会背景中，运用英语进行交流都具有跨文化性，英语既是一种全球性的语言，同时也具有多样性。

另一方面，多元识读也是新媒介条件下表达形式多模态化的结果。随着新媒介的迅猛发展，人们的交流方式发生了巨大变化，文本已经不再是唯一的或者主要的交流方式，书面语与口头语相结合，视觉、听觉、手势、触觉和空间等模态相结合，使交流具有多模态的属性，要求学习者具有理解、掌握那些越来越重要的媒体表现形式的能力。

新伦敦小组并没有对多元识读进行界定，他们认为多元识读概念的核心是两个“多”，即多语言(multilingualism)和多模态(multimodality)，前者指社会化、应用等四个阶段。随后，新伦敦小组在总结四阶段多元识读教学法的基础上，把学习活动划分为体验、概念化、分析和应用四大类，学习者在行动中学习。他们认为，在学习过程中，体验、概念化、分析和应用四步骤是一个互为先后、相互交织的过程。

第一步，体验。人类认知是情景化的，是受认知环境影响的。学习者可以将在校学习与学生在校外的真实生活体验结合起来，也可以将学习文本和学生的课外生活经验关联起来。这两种将学习与生活相结合的方法都属于文化关联法(Cultural Weavings)。这种体验有两种形式：一种是体验已知事物，通过反思自己的经验、兴趣、观点以及自己对世界的理解，学习者把自己的知识、经验、兴趣和生活文本分享到学习情景中；另一种是体验新事物，即通过观察陌生的情境或阅读新课文，使自己浸泡在新的生活情境和新的课文之中。值得注意的是，学生所接受的新信息、新经验、新课文应当符合学生的心智水平，接近学生的真实生活世界，通过新旧信息的交织能够促成学习者有意义的学习。

第二步，概念化。概念化不只是传统学科的说教，更是一个知识生成过程。在概念化的学习过程中，学习者是积极的建构者，不仅要把隐性知识转化为显性知识，而且能够进行归纳概括。概念化也有两种主要的方式：一是命名法，学习者通过对事物的抽象化命名，可以不断地拓展范畴，发展概念；另一种是用理论进行概括，学习者作为积极的概念和理论创造者，建构自己的心智模型、抽象的理论框架以及可迁移的学科图式。

第三步，分析。有效学习离不开批评的能力，包括功能性分析的能力和批判性分析的能力。功能性分析包括推理、推断和演绎，确定功能关系(如因果关系)，分析逻辑关联及文本关联；批判性分析指的是对自己和他人观点、兴趣和动机的评价，这种分析不仅涉及已知经验和新经验的互动，也包括先前概念与新概念之间的互动。

第四步，应用。应用包括适当性应用和创造性应用。前者指将自己的知识和理解应用于复杂多样的真实情景并检验其有效性；后者指学习者运用自己的兴趣、经验和灵感对现实世界的一种创新性、开创性干预，正是这种创造性应用，使世界变得新颖、富于创新。

作为新媒介时代的一种新型教学法，多元识读教学法仍需在实践过程中不断实践和完善。

三、教学设计

教学设计与教学论的关系曾经是一个影响广泛的争议问题。文献分析表明，当下教学设计理论与教学论几乎是一致的，难以划清边界。

首先，教学设计与教学论的核心内容是一致的，都以教学方式为核心内容。

其次，教学设计与教学论的研究宗旨、行动方式以及影响力是一致的，都是为了解决问题而主张行动研究。

最后，教学设计与教学论的学术水准是一致的，都由于聚焦于教学方法模式而无法创造知识。

当下的教学设计与教学论都属于研究领域而非学科理论，有教学自然就有教学设计，教学论的视野也就是教学设计的视野。只有教学设计的技术学理论才能与教学论划清界限，并能催生新的教学论，教学设计的技术学理论关注教学系统的构造，教学论关注教学系统的整体特征和运转机制。

随着高等教育改革的不断深入，本科人才培养方案的改革也在不断深化。各高校纷纷修改人才培养方案，普遍压缩大学英语课程的学分、学时；与此同时，学校管理层对大学英语教学质量却提出了更高的要求，这就给大学英语基层管理者和一线教师带来了前所未有的压力和挑战。在倡导和保障大学英语自主学习的同时，课堂教学改革是大学英语教学改革成败的关键。近年高校扩招使得大学英语教师的工作量加大，与此同时，出版业的改制使得大学英语教材出版商越来越注重教材的系统化建设，完备的教材体系和服务为一线教师提供了优良的教学资源和教学课件。但在大学英语课堂教学实践中，多媒体教学唱主角的形态也暴露了诸多弊端，例如：如果多媒体使用和管理不当，很容易淡化人际交流与互动，淹没教师的个人风格；背离学生中心的教学原则，忽视学生的语言学习中心地位；很多老师课前不用准备或者很少准备，过于依赖出版社的配套课件。在这种情势下，大学英语教师必须充分发挥个体能动性，密切联系本校学生学习实际，重视和优化教学设计，向有限的课堂教学要效率。

教学设计就是运用系统方法分析教学问题，确定教学目标，建立解决教学问题的策略方案，试行解决方案，评价方案试行情况，进而对方案进行修改。其宗旨是提出达到预期教学目的的最优途径和实施方案，需要经过教师的行动、观察、反思并不断修正。鉴于大学英语教学的同质性，以及课堂教学在课程、课型、教学对象、教学条件等方面呈现的巨大差异性，探索大学英语课堂话语建构的原则模型，有助于指导新媒介时代大学英语课堂教学实践，改进教学效果，实施有效的课堂教学。

新媒介条件下加强教学设计，不仅要遵循语言教学和教学设计的基本原则，还要特别关注现代教育技术的合理运用，强化多媒体、多模态课堂教与学，促进大学英语的有效教学，开展多媒体、多模态条件下的大学英语课堂教学设计，必须充分考虑大学英语分课型教学的目标、教学条件、师生的信息素养、学生的语言水平和心理特征等要素，利用二语习得、教育学、心理学、认知科学的最新研究成果，调动教师的主动性、创造性。

多媒体、多模态教学条件下，深化大学英语课堂教学改革，需要教育学转向，特别是用现代教育教学理念和理论指导课堂教学，充分利用现代教育技术，改进课堂教学效果。教育学转向的核心任务就是加强课堂教学设计。

在教学设计理论研究方面，以往的教学设计模式多是围绕课堂教学环节开发的。教育技术领域第二代教学设计理论先驱人物梅瑞尔在考察了大量教学设计理论的基础上，提出了展示论新知原理、尝试应用新知原理、聚焦完整任务原理、激活相关旧知原理、融会贯通掌握原理等五项首要教学原理，并针对信息化教育发展的现状，指出媒体仅是表征内容的一种手段，不足以决定教学的效果，媒体与教学匹配时，才能起到促进教学的作用，否则就会起干扰作用。随着教育生态学、认知负荷理论和多媒体学习认知理论的发展，国内研究者尝试从这些理论出发，探讨多媒体条件下多模态外语课堂教学设计的原则。

恰当地运用多媒体教学手段有助于减轻学习者的外显负荷。结合学习者知识水平，恰当地处理学习者内隐认知负荷，有助于学习者的图式建构和信息加工，有助于学习者在多媒体环境下的多模态学习。多媒体环境下的多模态学习是提高大学英语课堂教学效果的有效途径：一方面，多模态、多媒体手段可以调节语言学习者信息加工中的注意机制，有助于强化学习者的语言吸收，提高学习者的二语习得效果；另一方面，学习者充分运用多模态、多媒体手段，可以大大提高言语交际的效率。

在大学英语课堂教学中，广大教师充分利用现代信息技术，研究如何通过多媒体、多模态手段来优化学习者的语言输入与输出。我们可以从应用语言学、教育学、教育技术学、话语学和教育生态学等不同的理论视角，通过探索多模态课堂教学设计原则，为大学英语一线教师组织和实施有效的多媒体、多模态课堂教学提供参照。

第二节　教育生态学

教育生态学是 20 世纪 70 年代中期兴起的一门新学科，它是教育学和生态学相互渗透的结果，是研究教育与其周围生态环境之间相互作用的规律和机理的科学。其主要观点包括整体、系统、联系、平衡、动态等，强调全面、系统地思考教育教学过程中的各个因素，发现并解决教学中存在的宏观与微观的生态失衡问题，强调以教育生态系统平衡的视角认识与理解教学目标、教学结构与教学方式，主动调控教学中各个要素在系统中的生态位，确保教学能够良性运转，充分发挥教学的多维效益。此外，还要深入探索教学本质及其运行机制，通过以教师为主导、学生为主体的范式，改变单向传授知识的传统教学模式，使教师和学生之间形成平等、合作的关系。

生态学理论的关键在于系统中各要素在与周围环境相互作用时都必须找到其合适的生态位。然而，信息技术进入外语教学系统后，由于没有找到自己合适的生态位，使得外语教学目标、师生观念、教学内容、课程安排、管理方式和资源分配等都发生了变化，导致外语教学中出现了诸多失调现象，并且打破了原有教学系统的和谐平衡状态。另外，在信息技术与外语课程整合以后，教学中还出现了很多对信息技术的误用现象，包括对信息技术的过度使用、滥用和低值使用等现象，而对信息技术的正确使用却相对较少。这些都表明，信息技术进入外语教学系统以后，其功能开发还相当低下，在我们的教学中，超强的、直观的功能没有得到充分发挥。在这种情况下，要正确发挥信息技术的作用，探索解决失调现象的方法，使教学系统重新归于和谐平衡，就必须跳出传统理论的约束框架，用生态学理论来重新审视我们的外语教学。

外语研究学者陈坚林教授在一次专访中提出，要实现外语教学的动态平衡，就必须坚持以下几个基本原则：

第一，稳定教学结构，兼容教学要素。按照生态学理论，稳定与平衡相关，兼容与和谐相连，“稳定”是目标，而“兼容”则是实现目标的手段与方法。例如，外语教学中各要素构成了课堂教学完整的生物链。信息技术与外语课程整合后，信息技术就成为课堂教学生物链中的重要一环。要稳定教学结构，必须使信息技术与其他教学要素相互兼容、融合、配合，发挥其应有作用。如果信息技术与其他教学要素在实践中实现了融合，教学生物链能和谐地运转，教学结构就可以达到平衡和稳定。

第二，制约教学运转，促进个体发展。一方面要对教学运转进行制约，另一方面则要促进学生的个体发展，这里的“制约”是手段，“促进”是目标。用生态学上的话来说，外语教学系统中各要素都有其各自的生态位，都在各自的生态位上承担着一定的角色。但是，这些要素在发挥其角色作用方面，是有一定的限度的。现代信息技术条件下的外语教学，要想有效地促进学生个体的发展，就必须制约信息技术角色作用的发挥，尽量减少各种信息技术误用现象的出现，使信息技术始终沿着“规则”允许的轨道发挥作用，并与其他要素相互兼容和配合，“制约”是为了更好地“促进”，而“促进”则是合理有效“制约”的必然结果。也就是说，只有处理好“稳定”与“兼容”，“制约”与“促进”这两对辩证关系，外语教学才能在和谐的生态环境中自然健康地发展。

教育生态学理论对于建设大学英语网络自主学习中心也具有重要的指导意义。随着教育部关于大学英语网络化教学改革工程的深入，各高校纷纷创建了大学英语网络自主学习中心，相关研究成果也不断涌现，但目前急需从教育生态学的高度探讨大学英语网络自主学习的模式，有必要构建网络教育环境下的多模态英语学习模型。实验研究表明，各种交互是积极型学习的核心要素，例如，学习者与学习内容，学习者与教育者以及学习者与学习工具之间的交互。此外，伴随自主学习理论和实践的发展，欧美很多高校都建立了自主语言学习中心，在以多媒体、网络、虚拟现实等为基础的网络文化中，教育的开放性保障了以学生为中心的教学活动，使学习者成为真正的自主学习者。

计算机辅助语言教学进入了新的历史时期，外语教育工作者借助局域网、互联网进行语言教学，研究网络教育生态环境下外语教与学的问题，自然成为应用语言学研究的一个热点。网络教育不同于传统教育四面围墙的、封闭的生态环境，它所面临的是多种社会环境，因而教育的生态环境就显得非常重要，建构优良的网络教育生态环境，必须关注学习者的无意学习，激发学习者的学习动力，合理地保护、利用学习者的脑力资源，提高学习效率。我们可以结合高校英语自主学习中心建设，研究设计基于学生自主学习的网络教育生态环境模型，探索满足大学生交互式、个性化、自主式英语学习需求的途径和方法。

间性理论、多媒体学习认知理论和认知负荷理论是架构网络教育生态环境的重要理论基础，多媒体、多模态学习具有重要的网络教育生态学价值。

认知图式有助于解释为什么背景知识和记忆组织方式对于新的学习如此重要，有助于减轻学习者工作记忆的负担。影响工作记忆负荷的因素主要包括内隐认知负荷、外显认知负荷、适当认知负荷。一方面，开发多模态、多媒体教学手段有助于减轻外显负荷；另一方面，结合学习者知识水平，恰当地处理学习者内隐认知负荷，有助于学习者的图式建构和信息加工，有助于学习者在网络教育生态环境下的外语自主学习。

多模态学习是下意识学习的心理、生理基础。网络教育生态环境下，多模态获取信息不是全部通过词汇化的，通过语音、图像、动画、情感等非词汇化的多模态学习比词汇化的学习更有效。一方面，多模态、多媒体手段可以调节语言学习者信息加工中的注意机制，有助于强化学习者的语言吸收，提高学习者的语言学习效果；另一方面，学习者充分运用多模态、多媒体手段，可以大大提高言语交际的效率。

在大学英语网络自主学习中，网络教育生态环境模型的约束作用以及教育工作者的多角色网络引领有助于加强大学英语网络自主学习中心的建设、管理和使用。

第三，外语教育技术学。教育技术学是把应用新的技术、手段和方法来优化教学过程和教学资源作为研究对象的学科，是具有方法论性质的学科。在我国，教育技术学已经发展成为一门独立的学科，信息技术与课程整合研究的发展使外语教学形成了新的教育信息化教学范式。按照库恩的范式学说，新范式的形成和转换意味着一门新学科的形成。实践证明，以计算机辅助外语教学为主要研究内容的外语教育新范式构成外语教育技术学科成立的前提和理据。信息化外语教学不仅仅是外语教学和信息技术的结合，外语教学过程的完成也离不开教育学理论的指导。教育学原理和信息技术的结合，在教学方法、教学设计以及管理、资源、媒体和评价，甚至学习策略、教材编写、课程安排等方面，都提供了直接的教育技术学理论指导。

外语教育技术学的建设刚刚起步，有一系列的理论问题需要我们不断地探讨，从而运用该学科理论研究成果，探索外语课程与教育技术整合的新模式、新方法、新环境，进而在实践中不断丰富和完善外语教育技术学科体系。

本章从间性理论出发，对外语教育技术与大学英语教学进行了整合分析，是对外语教育技术学之哲学基础的初步探讨。本书将在第六章第四节中详细阐述英语专业的计算机辅助语言教学。

第三节　学 习 理 论

现代科学发展的特点之一是学科交叉影响，互相渗透。教育心理学是教育学和心理学的交叉学科，学习理论研究是教育心理学的核心内容，对大学英语教学与研究具有重要的指导作用。

一、学习的定义

俗话说："活到老，学到老。"可见学习是每个人终身的事情，历来受到人们的高度重视。在心理学中，学习是个含义极广的概念，表现形式可谓多种多样。如：小孩练习行走穿衣，牙牙学语是学习；科学家的创造发明是学习；学生在学校里系统地掌握知识、技能，形成良好的态度和行为习惯，培养高尚的情操和道德品质等，更是一种有目的、有指导的学习。可是，学习到底是指什么呢？国外不同的心理学派有不同的回答。

以桑代克·赫尔为代表的刺激反应理论认为：学习是 S-R(刺激-反应)的结合。以苛勒·考夫卡为代表的格式塔理论认为：学习是个体对情境的理解，是对零碎知觉信息的再组织过程。以托尔曼·布鲁纳为代表的认知理论认为：学习是对环境中的刺激，依其关系形成的一种新的认知结构的过程，是意义的获得和实现期望的过程。日本学者松井三雄则认为：学习是一种为了适应新环境和提高适应水平，依据先前的经验改变行动形态的过程。

近年来，随着对学习心理研究的不断深入，人们比较倾向于接受这样的学习定义："学习是由经验引起的比较持久的行为变化。"而所谓的行为，除了能观察到的外部活动，如表情、动作和言语外，还包括潜在的内部活动，如思维、能力、个性倾向等。这个定义尽管引起了人们的重视，但至今还远未被人们普遍接受。不过，如果我们对这个定义仔细地进行分析，也许有助于理解什么是学习。

第一，学习被标志为行为的变化。换句话说，学习的结果必定总是被转换成可观察的行为，在学习之后，学生就能够做一些在学习之前所不会和不懂的事情。例如：给学生先做预测，然后提供某种训练，接着立即进行后测。预测与后测之差反映了行为的变化，这种变化才是学习的标志。

第二，这种行为变化是相对持久的。学习与训练并不是引起个体行为变化的唯一因素，还有许多因素也可以使个体行为发生变化。如生长、成熟、适应、疲劳、疾病和药物等引起的行为变化，就不能认为是学习的结果。所以只有在控制了除训练因素以外的其他因素的影响之后所产生的变化，才是学习，才具有相对持久的特征。

第三，某些行为变化具有潜在性。经验告诉我们：成功＝能力＋机会。意思是说，具备某方面的知识和能力，还需要有机遇、有条件施展，否则，外人不易察觉，自己也难以成功。例如：练武之人，不会随时显示自己的功夫，但不显露并不等于他没有武功。一匹千里马若没有伯乐式的人来赏识和起用，它也许永远只能是一匹普通的马。

第四，这种行为变化是经验或练习的结果。这一点的用意在于强调后天经验或练习对学习的作用，排除由基因制约的生长和成熟对学习的影响。

第五，经验或练习必须加以强化。根据巴甫洛夫的反射理论，强化是建立条件反射的重要条件。一般来说，学习只有在反应(行为、操作)会导致奖励(正强化)的情况下，才会产生和持久。

以上分析为我们正确认识什么是学习提供了一个可供参考的框架，但这是对广义学习定义的分析，人和动物均可参考。如果从教育情境中，学生学习的角度看，狭义的学习是指："凭借经验产生的，按照教育目标进行的比较持久的行为变化。"通俗地说，学习是指学生在教师的指导下，有目的、有计划、有组织地获得系统知识，形成技能，培养才智的过程，是学生的行为在已有经验的基础上发生相对持久变化的过程。

二、学习的过程与分类

(一) 学习的过程

过程的研究有助于从整体上揭示研究对象的本质，各组成部分的关系及功能，有助于掌握研究对象的活动规律和特点。所以，对于学习过程结构的研究历来是教育家、心理学家十分重视的问题。下面介绍几种有代表性的分析。

1．我国古代教育家关于学习结构的传统分析

我国古代教育家的学习理论有许多精辟的论述和独到的见解，概括起来，我国学习过程结构的传统模式如图 4-1 所示。

学习	学	学	闻见（感知）	获得知识和技能
		思	慎思（理解）	
	习	习	时习（巩固）	形成能力和品德
		行	笃行（应用）	

图 4-1　我国古代教育家的学习过程结构模式

这一模式表明：学习过程分为学和习两个方面，具体分为学、思、习、行四个阶段。其中，学是通过多种感官获得信息的阶段；思是对输入信息进行加工的阶段；习是通过练习、复述对信息的保持和巩固阶段；行是提取信息应用于实践的阶段。学和思是获得知识和技能的过程，习和行是形成能力和品德的过程。从学到习就是从不会到会；从知之较少到知之较多的过程，实质上是德才兼备的发展过程。

2．苏联心理学对学习过程结构的分析

苏联心理学的理论基础是反射学说。所谓反射是指有机体通过神经系统对体内外刺激所做的有规律的反应。

开始环节，主要是通过感官接受体内外的刺激，并把信息传递到中枢的过程。由于外界信息量远远超过主体感觉通道在单位时间内所能容纳的容量，也就是说输入的信息量总是少于外界的信息量。因此，接受哪些信息或不接受哪些信息，需要经过注意的筛选和过滤，表现出一定的定向功能，故开始环节又称定向环节。

中间环节即加工环节，主要是对输入的信息进行加工、组织和制作的过程。按照认知心理学的观点，加工信息的场所，意识活动的中心是短时记忆。它具有保持时间短、容量有限、易受干扰等特点。

终末环节亦称行动环节，是对加工组织过的信息进行反应的过程，担负着执行的功能，如肌肉收缩、腺体分泌等。

反馈环节是对行动是否符合任务要求，是否达到目的进行检查和评定的过程，担负着校正和调节的功能。

研究表明，任何一个复杂的反射活动，都不是一次单向传导所能完成的，而是在输入与输出，低级中枢和高级中枢之间有来回往返的联系。这种由效应器的活动引起的传入冲动叫“反馈”，或者说系统的输出转变为系统的输入就是反馈。

如教师根据课堂纪律、学生听课、记笔记、回答问题等反馈信息，及时调整自己的教学内容或方法。学生根据作业、实验和考试等反馈信息，确定下一步的行为目标。这些均是通过反馈环节来实现的。通过行动获得的反馈信息如果是正确的，它将作为成功的经验存在于记忆当中，如果不符合任务要求，则需要重新输入有关信息，进行新的加工和组织，直至做出精确反应。可见，作为双向传导的反馈环节，对于保证大脑皮质对效应器的调控，保证有机体对外部环境的适应与平衡具有重要的作用。

3．美国心理学的分析

美国心理学家对学习过程结构的研究，可以首推加涅为代表。加涅把学习过程分为八个阶段，提出了学习过程结构的阶梯模式。

(1) 动机阶段。每个人做任何事情都是有原因的。即为什么要去做，通过活动预期达到什么样的目的。这是整个学习过程的第一步，任务是解决个体活动的动力问题。

(2) 选择阶段。当确定要做的事情之后，就必然会注意与目标有关的信息，进而选择有用信息，淘汰无用信息，使心理活动指向并集中于学习内容，形成一种定式。定式一旦建立，学习往往会表现出一定的坚持性。

(3) 获得阶段。这一阶段起着编码的作用，即对经过选择的输入信息进行登记，以物理特性的形式暂时贮留起来。

(4) 保持阶段。被登记的信息如果继续给予注意，则进入短时记忆。通过在短时记忆中加工、组织等一系列制作过程，信息以表征的形式转入长时记忆加以贮存。

(5) 回忆阶段。根据当前的任务，检索提取出长时记忆中的有关信息，使这些信息复活并积极参与当前任务的解决过程。

(6) 概括阶段。指把已经获得的知识技能灵活地应用于新的问题情境中，做到举一反三，触类旁通。这一阶段反映出“为迁移而教，为迁移而学”的思想。

(7) 作业阶段。是效应器的活动阶段，是使学习付诸行动，通过作业、练习或操作完成学习任务的过程。在这一阶段，学习的效果及解决问题的能力都可得到初步反映。

(8) 反馈阶段。学生因完成了新的作业并意识到自己已经达到了预期的目标，从而使学习动机得到强化，并由此确定新的、更高的目标。加涅认为：“值得注意的是强化主宰着人类的学习。因为，学习动机阶段所建立的预期，此说在反馈阶段得到了证实。”

加涅的学习阶梯模式是以学生在学习中所发生的心理过程为依据的，从学习动机的确立到学习结果的反馈，从学习愿望的产生到愿望的满足，揭示出人类掌握知识、获得技能、形成能力的发展规律，对于学生的学习是有积极指导意义的。

(二) 学习的分类

关于学习的分类，由于学习活动本身的复杂性以及在学习定义、学习过程和分类标准等方面存在着不同的观点，其分类很难统一。这里针对学生的学习特点，介绍美国心理学家奥苏伯尔的学习分类。

奥苏伯尔的学习分类比较符合学校教育的实际。他分别从学生的认知过程、学习方式与学习内容出发，提出了不同的分类。

从认知过程出发，学习可分为：符号学习，就是学习单个符号的意义，目的在于弄明白不同的符号代表什么？这是初学者的学习。例如：识字、识数、拼音字母与单词及各学科公式里的符号等。概念学习，是对某类符号进行抽象的概括。奥苏伯尔认为，学生学习概念分为两步。第一阶段是在具体概念的基础上形成抽象概念；第二个阶段是将概念纳入到原有的知识体系当中。命题学习，是学习句子的意义，通过句子来理解各个概念的含义、结构及其关系，如“生命在于运动”，“学习的目的在于运用”。

根据学习方式和学习内容的不同，学生的学习可分为接受学习与发现学习，机械学习与有意义的学习。机械与有意义两个学习维度之间不是彼此独立、互不依赖的关系，而是一个连续的相互影响的过程。有意义的学习要以机械学习为基础，不识字，不识数，又怎么能够通过阅读和计算去进行高级的有意义的学习？机械学习也有待于上升为有意义的学习，否则只是记住一些零星、片段、没有联系的字、词、符号，是无法应对环境的变化的。

发现学习与接受学习也是同样的道理。没有接受学习，不积累大量的知识和经验就谈不上发现。仅仅是接受而不创新就意味着社会的倒退，最终会导致人类的灭亡。而且，独立发现学习由于内容的不同，可以是机械的(如迷宫学习)，也可以是有意义的(如科学研究)；有意义的学习也可以是接受学习或发现学习，如听讲演，看资料或新思想、新设计的产生。因此，在教育界把发现学习与有意义的学习等同，将机械学习与接受学习等同以及各部分独立的思想都是错误的。关于不同学习类型优劣的争论，更是毫无意义。因为，各种形式的学习在整个学习过程中都是需要的，所不同的只是根据对象、任务、内容和要求的不同，在选择上有所侧重而已。

从上述介绍可以看出，学习的分类繁多，千差万别，难以统一。其原因，首先是同学习活动本身的复杂多变有关。其次，同各学派的观点、划分标准、角度的不同等因素有关。而且在各种分类中，对于动物的学习与人类的学习，人的学习与学生的学习没有做出严格的区分，有的甚至混为一谈，这势必影响学习分类的科学性和逻辑的严密性。但是，了解这繁多的学习分类也不是毫无意义的，它可以帮助我们在借鉴前人成果的基础上，有所创新和发现。

作为体育学习来说，其分类就更为困难。因为，体育学习既要遵循各门学科认识事物的共同规律，又要遵循人体结构、人体生理机能活动变化和动作技能形成的规律。学习的材料除教材、挂图、教师的讲解外，更多的是各种运动器械、教师的示范，而且是以学生的身体练习为主要方式去掌握知识和技能。所以，体育学习的分类应具有自己的特色。但在目前这方面研究较少的情况下，为了便于学习，我们可根据体育学习的任务划分为以下四种类型：

(1) 体育知识的学习。体育的起源和发展，体育的基本概念、术语、规则及体育有关理论的学习。

(2) 体育技能的学习。包括跑、跳、投、掷、泅、攀登等基本运动技能和篮球、排球、足球、田径、武术等基本运动技能。

(3) 体育锻炼方法的学习。掌握有效锻炼的方法，包括室内、室外、不同季节、不同项目的方法的选择，养成自觉锻炼的习惯。

(4) 体育道德品质的学习。对体育的认识、态度，自觉遵守体育道德行为规范，培养健康的体育观。

三、学习理论的发展演变

20 世纪以来，关于学习运行机制的研究涵盖了行为主义(hehaviorism)、认知主义(cognitivism)、建构主义(constructivism)、社会建构主义(socialcons-tructivism)和联通主义(connectivism，也有学者译作“关联主义”)等理论流派的发展演变。详细的运行机制、学习者、教师和技术的作用流变对比如表 4-2 所示。

表 4-2　学习理论各主要流派核心观点对照

理论流派	学习运行机制	学习者	教师	技术的作用
行为主义	强化反应	被动接受奖惩者	奖惩分发者	收集和提供学习反馈
认知主义	信息获取	被动接受信息者	信息发布者	提高获取信息的途径
建构主义	知识建构	积极地意会者和知识建构者	认知向导	学习过程中指导学习者的认知处理
社会建构主义	参与或社会协商	既是个体认知者也是学习共同体成员	协商促进者	社交网络软件支持学习者个体交互和社同实践
联通主义	优化学习者内外网络	知识网络和节点的重构者	知识网络重构促进者	网络成为知识联结和创造的载体

20 世纪经历了数次主流学习观的变迁，从行为主义学习理论的知识习得观到建构主义的知识建构观，再到社会建构主义的参与观(或社会协商)，行为主义、认知主义和建构主义为外语教学整体研究提供了坚实的理论基础。

行为主义学习理论把学习看作“刺激——反应”过程。用这种学习观指导语言学习时，强调语言技能训练的重要性，认为语言学习就是以“刺激——反应”为原理而形成的机械性语言操练，是语言知识的灌输，其目的是使学习者形成一种语言习惯。即使在计算机网络辅助外语教学很发达的今天，行为主义学习理论依然在一定的学习阶段，特别在语言技能训练方面，发挥着积极的作用。

认知主义学习理论重视人的内在机制，认为学习还受人的内在心理的影响。认知学派认为，教学就是引导学生进行有意义的学习，引导学生以原有的经验、心理结构和信念为主来建构知识。

作为认知学习理论流派的一个重要分支，建构主义学习理论认为，人不仅有内在机制在起作用，还具有主动建构知识的能力。在教育的学生、教师、任务和环境等诸因素中，学生是建构知识的主体，而非外部刺激的被动接受者和知识的灌输对象。学生作为知识的接受者，不是被动地接受，而是主动地接受，是利用已有旧知识和经验接受新知识，是有选择性地加工所接收的知识，并在新旧知识相互作用的过程中对外部信息进行建构。交互是学习者建构意义的一个重要手段，课堂里最有价值的活动是学生们组成小组和集体相互交流，共同建构知识。建构主义学习观将学生置于教学的中心地位，学生运用多媒体教学技术的优势，充分利用图像、声音、动画、文字等多模态学习方式，以自主性、个性化、开放式对信息进行存储、加工、传播。多媒体网络与英语教学的有机整合，促进了英语知识、技能和能力的主动建构、协调发展与综合提高。

进入 21 世纪以来，随着互联网技术的成熟和普及，以系统科学的自组织理论为基础的联通主义学习理论逐步发展起来，学习理论出现了从联结主义到联通主义的新趋向。联通主义之前的行为主义学习理论和认知主义学习理论实质上都属于联结主义：行为主义学习理论把行为看作一种刺激与反应之间的联结；认知主义认为信息是整个交互作用的神经节的激活模式，知识信息并不存在于特定的地点，改变网络的联结关系就是改变网络的功能。联通主义学习理论则把学习情境的视野放到了网络社会结构的变迁之中，认为学习是一个联通的过程，是在知识网络结构中一种关系和节点的重构和建立。以往的学习理论主要研究应该教授、学习什么样的内容，而联通主义学习理论则更加关注的是学习内容的组织问题，探讨如何组织所教授的内容，教学设计是首要关注的内容。传统的联结主义教学设计围绕着预先确定的目标进行，致力于设计统一的普适教学系统，却失于对具体教学情境的考虑和规划，总体上是一种线性的操作流程。在具体实施过程中，线性的教学设计难以适应复杂多变的教学过程，也不利于差异化教学的实施。联通主义的教学设计则以“非线性”的形式组织教授内容，注重教学设计具体实施过程中的生成性思维方式，有利于实现针对具体问题的个性化设计和对于整个设计过程的动态调整。

四、多媒体学习认知理论

多媒体学习认知理论是一个严谨的科学体系，由基本假设、学习科学、教学科学和应用领域这四个密切相关的部分组成，具体流程如图 4-2 所示。

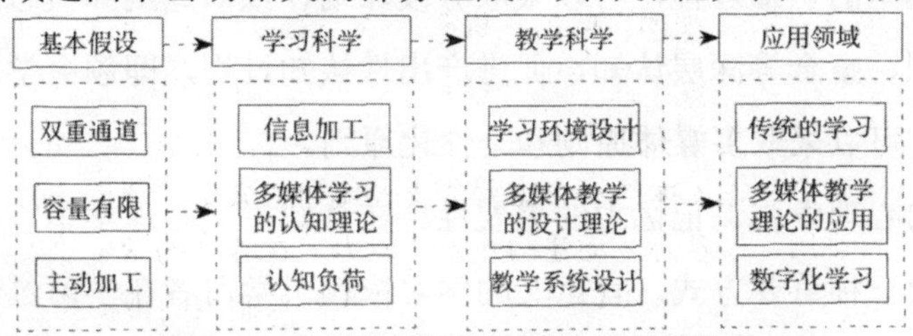

图 4-2　多媒体学习认知理论的科学体系

国外学者梅耶对多媒体学习认知理论体系的研究，开始于双重通道假设(Dual Channel Assumption)、容量有限假设(Limited Capacity Assumption)、主动加工假设(Active Processing Assumption)等基本假设。

双重通道假设认为，对于视觉表征的材料和听觉表征的材料而言，人拥有两条独立的信息加工通道，人们对语言和视觉图像的加工各自独立。容量有限假设指在同一时间内每一个通道所能处理的信息容量是有限的，人们一次只能对有限的声音或者图像进行加工。主动加工假设指的是人能积极地参与认知加工过程：用自己的经验构建一个连贯的心理表征，有意义的学习依靠积极、恰当地认知处理，即选择、组织和整合，积极的多媒体学习涉及选择、组织、整合等认知过程，学习者“选择”自己听到、看到的相关词语和图片，并从感知记忆转移到工作记忆；有选择地把词语、图片组织成连贯的心理表征，并在工作记忆中进行处理；从长期记忆调取先前的知识，将词语表征和图片表征进行整合生产新的知识(具体如图 4-3 所示)。

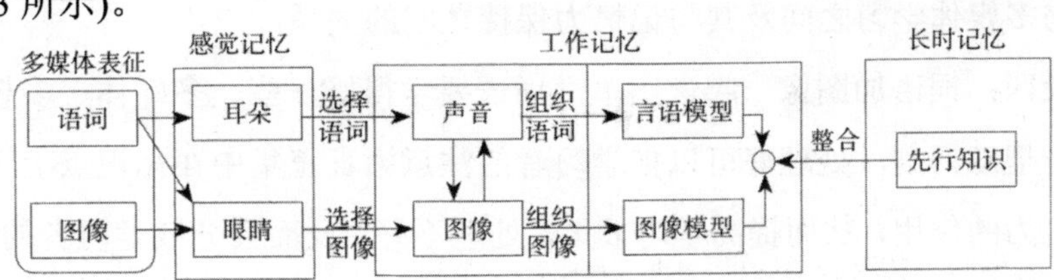

图 4-3　多媒体学习认知理论模型

梅耶认为，多媒体学习的最大挑战是支持学习者积极地认知过程。根据认知负荷理论，多媒体学习有三大任务及相应的设计原则：第一，消除与学习目标无关的认知过程，可以采取连贯性、侧重性、冗余性、空间连续性、时间连续性等五个原则；第二，通过选择性的认知，管理好呈现学习材料的心理过程及材料内在复杂性等基本的认知过程，可以采取分段原则、预演原则和模态配合原则；第三，通过组织、整合等深层认知，促进产出性认知过程，即领会学习任务和内在的学习动机，可以采取多媒体原则和个性化原则。

认知主义心理学强调记忆力的重要性。在认知主义心理学里，研究记忆力成为研究学习的一种重要方式，有意义的学习依赖于学习者在学习过程中的认知加工。在剖析多媒体、多模态学习的基础上，我国语言学研究者顾日国提出了供进一步研究用的五个基本假设：

假设一：同模态学习过程比模态转换学习过程要容易一些。在同模态的情况下，输入方的信息对于产出方来说是同质的；当模态发生转换时，输入方的信息对于产出方来说是不同质的。学习者要调用个人知识库中的相关资源，同时启动新模态。所有这些都要花费大脑资源。

假设二：恰当的模态转换可以增强学习者对所学内容的内化度，提高内容记忆的持久性。根据假设一我们可知，在作模态转换时，大脑要花费很多资源，把外来的新信息与已有的个人知识进行互动，这起到了强化学习效果的作用。事实上，人类的各种模态之间也是经常互相配合，互相支持的。

假设三：多媒体、多模态学习比单媒体、单模态学习更能增强记忆力。现在广泛开展的多媒体教学并没有把这个需要证明的假设当作假设，而是当作真实命题。实际情况不会这么简单，需要结合不同的语境做充分的实验，才能了解单媒体学习与多媒体学习之间及其与记忆力保持之间的关系。

假设四：词语加图像一起学比单学词语要学得好一些。多媒体、多模态学习有点像一把双刃剑，处理好可以把学习者的注意力真正集中在知识点上，以达到强化记忆力的作用，从而提高学习效果，处理不好，反而会分散学习者的注意力，阻碍对知识点的记忆。

假设五：相对于一个人单独跟计算机学，面对面跟老师、同学一起学更有利于增强记忆力，但很显然，后者的社会化程度远远高于前者。

与传统的外语教学不同，新媒介时代的外语教学在教学媒体、教学方法等方面都发生了巨大的变化，数字化、泛在式外语学习有助于降低学习者认知负荷，改进记忆机制，提高学习效果。以写作学习为例，过去的学生练习作文是要一笔一画写在本子上的，写错了改动都不方便，现在大不相同了，学生不仅可以反复而又很容易地对文本进行修改，还可以利用 Office Word 文字处理系统的拼错、语法识别提示和自动修改等功能对文本进行修改。过去，学生课外也有坚持用英语写日记或者周记的，而现在的泛在式学习使学生可以通过手机短信、E-mail 或 QQ、微博等社交软件随时随地写作。所以，学生在学习习惯、学习策略等方面都发生了巨大的变化，现在的写作也更加口语化，非正式化，经常使用缩略语、情绪符等，也就是说，数字化、可视化极大地丰富了文字写作的形式和内涵，集成性视听文本(如飞信、微信)在青年学生中广为流行。现在的书面课文通常都配有数字化的在线多模态文本，除了与书面课文相配套的在线文字形式，经常还有音频、视频等辅助形式。数字化写作远远超越了传统的文字和文本模态，不仅包含文本的视觉元素，如布局、字体、字号、空格等，还可包含静态图表、画面、动画、色彩、音乐、录音等，学生不仅要学会运用多媒体技术收集、分析信息，还要学会运用故事、报告等不同的文体以及书面、视觉、口头、色彩等多种模态，通过有意义的数字化写作，创新知识，进行跨文化交流。

在新媒介时代学习环境构建中，最容易把技术作为中心而忽略学习的中心地位，以技术为中心的设计侧重技术能够做什么，技术是教学的工具，其目标是使用技术辅助教学。所以，多媒体学习认知理论强调以学习者为中心的设计，关注大脑学习的机制，关注学习、记忆的效果，而仅把技术当作学习的助手，其目标是运用技术促进学习有效性。

有效性学习是学习理论的研究焦点。关于学习的研究成果表明，有效地学习具有以下显著特点：第一，以学习为中心，鼓励参与，学习者在学习过程中逐步明白自己是一个学习者；第二，学习具有社会性、协作性；第三，能够善解人意，对学习者的动机和情绪的重要性给予极大的关注；第四，对学习者个体差异(包括先验知识)特别敏感；第五，对每个学习者都有很高的要求，但不会成为学习者的负担；第六，评价与教学目的相一致，高度重视形成性反馈；第七，有助于活动与课程、课内与课外的关联。

新媒介条件下，多媒体学习认知理论的研究成果和教学指导原则对于实现有效学习具有重要的指导意义。

第四节　认知负荷理论

认知负荷理论(Cognitive Load Theory，CLT)是继建构主义理论后又一个对教学起着重要指导作用的心理学理论。根据认知负荷理论，认知图式组织并储存人类知识，极大地减轻了工作记忆的负荷。而新信息必须在工作记忆区进行处理，以便建构图式，然后通过反复成功地应用，图式就会自动化。在工作记忆区处理信息的轻松度是认知负荷理论最关注的问题，认知负荷理论认为教学的主要功能是使学生在长时记忆中存储信息。知识以图式的形式存储于长时记忆中，长时记忆中的图式是一种知识框架，在学习新的材料时，具有中央执行官(Central Executive)功能。在学习新材料时，如果能从长时记忆中获取这类知识框架，材料就可以通过知识框架所提供的方法来进行学习；如果不能获得关于这些材料该如何组织的知识框架，则须采取随机学习的方式。

认知负荷是表示处理具体任务时加在学习者认知系统上的负荷的多维结构，这个结构由反映任务与学习者特征之间交互的原因维度以及反映心理负荷、心理努力和绩效等可测性概念的评估维度所组成。可能会影响工作记忆负荷的因素主要包括学习任务本身的内在本质(内隐认知负荷)，呈现任务的方式(外显认知负荷)，学习者自愿用于模式建构和自动处理的认知资源(关联认知负荷)。而且，这种认知负荷都是可施予的。长期以来：认知负荷理论的研究焦点是开发教学手段，减轻外显负荷，但最近研究焦点转向了对内隐和关联认知负荷的处理以及教学手段和学习者知识水平之间的相互作用上。

教学过程中，外显认知负荷给学生带来问题的程度主要取决于内隐负荷。如果内隐负荷强度大，就必须降低外显认知负荷；如果内隐负荷低，因不恰当的教学设计而造成的高度外显认知负荷就可能不造成伤害，因为总体认知负荷没有超出工作记忆的极限。进而，如果内隐和外显认知负荷的总量还留有额外的处理信息容量余地，就有必要鼓励学生将适当的认知负荷投入到学习中，特别是用于图式建构和自动操作。因此，认知负荷理论的主要教学原则就是：在认知机制的整个容限度内(即避免认知超载)，减轻外显认知负荷，增加关联认知负荷。为此，必须考虑学习者的知识水平，因为它决定学习任务的内隐认知负荷。

认知负荷理论认为，为了促进有效学习的发生，在教学过程中应尽可能减少外显认知负荷(即减少因教学设计不当而产生的额外负荷)，增加关联认知负荷(指与促进图式构建和图式自动化过程相关的负荷)，并且使总的认知负荷不超出学习者个体能承受的认知负荷。

认知负荷理论关于人类的认知有如下假设：

第一，教学的目的是在人类的长时记忆中建立知识。

第二，处理新信息时，有限的工作记忆是确保存储的大量信息逐渐慢慢增长的机制。

第三，因为不能获得已经组织好的信息，变化是随机的，大的随机变化不可能生效。

第四，鉴于没有确定变化本质的中央执行官，随机而非预设的变化是不可避免的。

认知负荷理论认为适当结构的教学应把上述假设都考虑在内，提供中央执行官，删除不必要的随机变化，从而促进长时记忆的改变。认知负荷理论提供了促进教学中央执行官功能的结构化教学效应。世界各地的研究者提出了大量的这类效应(表 4-3)。

表 4-3　认知负荷理论所研究的各种教学效应

教学效应	描述	解释
目标自由效应 (goal free effect)	用目标自由的题目来代替为学习者提供特定目标的传统题目	通过把目前的问题状态同一个目标状态相关联，试图缩小其中的差别，这样有助于减轻外显认知负荷，使学习者的注意力集中在问题状态和可供使用的处理器
样例效应 (worked example effect)	用已经解决好的样例代替传统的问题，这样的样例必须认真学习	减轻因用不得力的方法解决问题而导致的外显认知负荷，使学习者的注意力集中在问题状态和有用的解决步骤
完成问题效应 (completion problem effect)	用待完成的问题来代替传统的问题，提供不完整的解决方案，要求学习者必须予以完成	由于提供部分解决步骤压缩了问题空间，从而减轻了外显认知负荷，使学习者的注意力集中在问题状态和有用的解决步骤及策略
分散注意力效应 (split-attention effect)	用一个整合的信息源替换多种信息源(经常是图片及配文)	由于无须对信源进行整合，所以减轻了外显认知负荷
双重感官效应 (modality effect)	用口头的解释文本和视觉信息源(多种形式)替换书面解释文本附加图标等视觉信息源(单一形式)	由于多种形态的呈现方式同时使用了工作记忆中的视觉和听觉两个处理器，所以减轻了外显认知负荷
想象效应 (imagination effect)	让他们用想象或心理练习材料来代替传统的附加学习	很久以前进化的功能比新进化的功能更容易通过微调获得很好的效果
分离关联元素效应 (isolated-interaetive elements effect)	在呈现元素高关联性的材料时，先给学习者呈现一些独立的元素，然后再呈现完全的材料	高度复杂的功能不能通过一步进化来完成，而是需要一系列的小步骤
元素关联效应 (element interactivity effect)	当使用低元素关联的材料时，想象效应等教学效应消失，而当使用高元素关联时，它们又会重现	虽然自然选择的进化能够解释生物个体的微小差异，但它的主要功能是用来解释复杂的功能和物种是怎样产生的
专业知识反效应 (expertise reversal effect)	对新学习者很有效的教学方法，但在学习者获得更多的专业知识时就会失效，甚至产生相反的效果	一旦某一具体功能的基因已经生成并开始生效为同样的功能进化，一组新的基因就会失效
冗余效应 (redundancy effect)	用一种信源替换多种自治(即它们能够被独立理解)的信息源	减轻了因莫须有地处理冗余信息而招致的外显认知负荷

表 4-3 所示的各种教学效应中，专业知识反效应、冗余效应、想象效应是针

对具有一定专业知识的学习者而言的，样例效应、分散注意力效应等则是针对新手而言的。

认知负荷理论早期研究主要探究操纵内隐认知负荷和适当认知负荷的教学效果，集中于减轻初学者外显认知负荷的教学方法，探究改进图式建构和迁移测试绩效的一些主要功效，而认知负荷理论研究的新取向则集中于对教学程序进行调适以满足学习者的个体需求。为了开发适应性教学和适应性数字化学习，必须明确适应不同知识水平的不同教学手段，设计出这些教学手段之间的平缓过渡，制定便捷的测量知识手段。

认知负荷理论基于认知结构研究提出的教学设计原则认为，要从引导认知资源合理分配的角度出发来设计适应性的学习资源，这对新媒介条件下认知资源极其丰富的现实来讲，就具有非常重要的指导意义。该理论认为影响学习者认知负荷的因素主要包括以下几个方面：

第一，任务和环境，如任务的结构、新颖性、时间压力等等。

第二，学习者个体的先前知识、认知资源及其认知风格、学习动机等。

第三，学习者与任务之间的相互作用，为此，认知负荷理论提出了自由目标效应、样例效应、分散注意力效应、模态效应、冗余效应、变式效应等重要的设计原则。

认知负荷理论关注的重点是记忆在学习中的作用，主张合理分配认知资源对实现有效学习至关重要。依据工作记忆存储容量有限的特点，以及认知资源总量恒定的规律，该理论提出，如果我们在设计教学时，能够尽量减少学习任务中不必要的认知负荷，那么就可以大大提高学习者的学习效率。该理论关于认知构建、辅助例句、分散注意、冗余效应、双重感官效应等方面的研究成果对于外语教学设计具有重要的指导意义。

随着互联网技术的迅猛发展，数字化、泛在式学习越来越普及。数字化学习材料的设计和开发，给教学设计者提供了良好的环境和机会，同时也带来了与传统课堂环境下的教学设计完全不同的约束。在传统的面对面的课室里，教学设计者通常根据教师或者学伴提供必要的调整，当学生不能理解某种观点时给予支持，发生理解困难时，学生通常可以马上向老师或者学伴请教。而在数字化学习环境下，学生可能在凌晨 2 点钟开始学习，凌晨 2 点 3 刻给老师发电子函件，请教某一个概念的理解问题。一时间没有老师和学伴，这个学生就可能在沮丧中停止学习，甚至更糟糕的是，对概念产生误解，阻碍有效学习。

数字化教学设计与真实的学习在不同的时间框架下发生。即：教师首先设计好教学，然后，一个月后甚至更久以后，学生使用这些教学材料学习课程内容。这种教学设计和真实学习的分离要求学习者对教与学的过程重新进行整合，通常没有老师在场，缺乏真实的学习环境。这种重新整合意味着学习者要承担太大的责任，要对自主学习负责，即：在不能直接迅速得到老师和学伴支持的情况下，学习者必须独立进行思考和探究，以便正确地理解学习的内容。当然，为了解决这个问题，研究者可以开发引导式、说教式会话或者内嵌式导航助学话语，使学生在处理教学材料过程中与教师进行虚拟的交互。如果教学设计者开发的教学材料造成太大的外显负荷，那么，学生就无法理解课程内容。通过优良的教学设计原理对认知负荷进行恰当的管理，这是设计有效的数字化学习材料所需要的基本要素，这种材料有助于自主学习者对内容的理解。

第五章 新理念下大学英语教学的文化转向

第一节 从文化角度看大学英语教学

随着英语教学在全世界范围内的蓬勃发展，语言已经不再是阻碍不同文化间人们相互交流的障碍，真正的障碍是人们对于不同文化模式和文化传统的不理解和不接受。在当前教学改革的背景下，大学英语教学的改革必须重视文化教学方面的内容。因为学习英语国家的文化知识不仅有利于国家间的文化交流，而且对培养学生的跨文化意识也具有重要作用。为更好地理解文化对英语学习的重要作用，本章就对教学改革背景下的大学英语教学文化转向展开研究。

随着文化多元化时代的到来，人们逐渐开始重视大学英语教学中的文化教学，从而使培养出的高素质人才可以适应当前社会多元文化融合的总体发展趋势。为此，本节就从文化角度来研究大学英语教学。

一、外语教学中文化教学的必要性

通常而言，人们在习得母语的同时也掌握了文化、语用规则的习得。也就是说，母语与文化、语用规则对于个体而言是同步掌握的。学习母语时，语言的交际功能与传承文化的功能十分自然地融合在一起，使人们无法将二者进行明显的区分。然而，在学习第二语言的过程中，语言的上述两种功能就明显有了区分。可惜的是，对于第二语言的学习而言，人们往往仅重视对语言的学习而忽视文化因素。

语言、文化、交际具有密不可分的关系，人们学习外语的目的是为了交际，而交际过程往往受文化因素的严重影响。因此，学习外语必然不能脱离对该门外语背后的文化知识的学习，这与儿童习得母语的同时也习得母语文化的道理是一致的。语言并不是由语言形式、语言规则进行简单地排列组合而形成的，人们学习和使用外语的过程从本质上来看就是一种跨文化交际的过程。文化因素是影响跨文化交际顺利进行的重要因素之一，在与国外人士进行沟通、交流时，不仅需要具备较高的语言技能，还需要熟知目的语国家的文化习俗。可见，在外语教学中开展文化教学是十分有必要的。

作为外语教学的重要组成部分，文化教学可以更加有效地帮助学生在学习语言的过程中理解和接受目的语文化，取得理想的跨文化交际效果。当前，不管是国外还是国内的外语教学都大力提倡文化教学。文化教学中的文化，具体指的是目的语所在民族的历史、宗教、世界观、人生观、价值观、社会组织、风俗习惯、社会制度等方面。

需要明确的一点是，提倡文化教学并不意味着如果不了解目的语文化就完全不能进行交际。因为人们即便对一门外语一无所知，同样也可以与该外语所在国家的人开展交际，如利用翻译、手语、非语言形式等来实现沟通的可能。然而，世界上并没有完美的翻译方式，文化背景不同，所产生的语言就不同，两种不同的语言很显然不能实现完全的一一对应。虽然有些现实事物可以实现语言上的对应，但信仰、感情等则很难对应，这些也是翻译中的最困难部分。在此状况下，人们就无法实现有效的交际。个体如果只具备语言知识，对目的语国家的社会、经济、文化、政治、宗教等缺乏特别敏锐的洞察力，这是很不利于交际展开的。

对于我国大学生而言，学习外语的过程必定会伴随着对外语文化的学习。在提升自身语言、文化能力的过程中，学生同时也开阔了自己的视野、确立了文化身份，培养了一定的批判性思维方式，有能力审视、包容目的语以及母语的文化。当前，我国学习外语文化最理想的场所就是课堂，因而外语教学十分有必要系统地进行文化教学。

二、国外大学外语教学中的文化教学

国外学者最先进行在外语教学中开展文化教学的相关研究，他们的研究由于时间长而相对更加深入和全面。以下是他们的一些观点。

(一) 弗赖斯的观点

自 20 世纪 40 年代起，弗赖斯(Fries)及其学生拉多(Lado)等就分析过文化在语言教学中的作用。弗赖斯基于语言教学的视角，主张将文化内容融入外语教学中。他指出，有关民族文化和生活方式的文化教学内容在各个阶段的语言学习中都是不可或缺的部分。因此，文化内容不只是实用语言课的附属成分，与语言教学的总目标也不是毫不相关的。

(二) 拉多的观点

拉多将语言看作是文化的一部分。他认为，掌握文化背景是学好语言的前提，不掌握文化背景，就不可能学好语言；不了解文化的模式、准则，就不能真正地学会语言，以及学会正确、得体地使用语言进行交际活动。文化教学具有不同的目的，依据这些目的，拉多把文化教学内容分为以下三个部分。

(1) 初级意义单位。这些单位随着文化和语言的变化而变化，对于这些部分，教师应当传授文化内容以及所选词汇和成语的隐含意义。

(2) 虚假定式。它是关于目的语文化的定型刻板印象，如果本族人对目的语文化的形象是虚假定式，教师应当用正确的信息替代它们。

(3) 伟大成就。如果学习者能够亲自看到目的语文化成员心目中的英雄，这十分有助于他们学好一门语言。

(三) 海姆斯的观点

伴随着交际法的到来，海姆斯(Hymes)基于乔姆斯基(Chomesky)提出的“语言能力”提出了“交际能力”概念。根据海姆斯的观点，交际能力不仅包括语言形式规则，还包括语言使用的社会文化规则。正是因为交际教学法提倡依据语言的内容而不是结构来安排教学，所以交际法可以促进社会文化因素自然地融入教学活动中。学生在交际练习的过程中可以独立理解行为中的社会文化规则，也就是交际文化。

跨文化交际学的出现改变了外语教学专家的观念，他们开始将外语教学的主要目标转移到培养跨文化交际的人才上。所以，外语教学不仅应该关注语言方面的内容，还应该向学生传授所学语言国家的文化。交际中的错误主要包括两类：语言错误和文化错误，并认为后者更为严重。最严重的语言错误就是导致词不达意，没有流畅表达思想和意愿；但是最严重的文化错误可以造成双方的误解甚至敌意，进而造成交际失败。

(四) 克拉姆的观点

克拉姆(Kramsch)主张，文化教学内容应该起始于学习者理解自己的文化行为、个性特点、矛盾、偏见等，文化学习要具有多面性和多元化，文化学习的一个主要价值就是使学习者形成对母语文化的深刻理解。摩尔(Moore)认同克拉姆的观点，将文化教学的内容看成是“全语言”的一部分，学生就是焦点。

(五) 杜思特伯格

杜思特伯格(Duesterberg)深入探讨了母语文化的重要性，进而强调教师应该帮助学生判断自己在文化形成中的功能。文化内容发生了一系列的转变，从最开始只关注目的语文化，转变到重视母语文化，再转变到现在关注文化学习者本人及学习者本人在文化形成中的功能。这种转变不仅是内容的回归，还是对学习者的回归。教师在文化教学的过程中，不只是要提高学生对文化差异的认识，从而学会宽容地对待目的语文化，更重要的是向学生传授如何协调彼此之间的文化差异。只有将这一点落实到位，才能够在交际中成功地表达真实的意图，实现真正意义上的交际，具备真正意义上的文化能力。

(六) 查斯顿的观点

查斯顿(K．Chastain)提倡从狭义文化开始进行文化教学，然后逐步过渡到广义文化。他提出了需要讲授的文化知识主题，也就是讲授狭义文化的纲要，具体如下：学生生活、青年、家庭、父母、朋友、亲戚、教育、职业、恋爱婚姻、成就、饮食、穿着、文娱活动、度假、快乐、金钱、社会制度、政治活动、经济制度、爱国主义、社会问题、人口、宗教、法律、纪律、仪表、礼貌用语、身势语、环境污染、报纸、广告、死亡、交通。

(七) 斯特恩的观点

斯特恩(Stern，1992)提出，一般的语言学习包括以下六大文化教学内容。

(1) 微观的个体及其生活方式。

(2) 宏观的民族及社会。

(3) 地理。

(4) 历史。

(5) 艺术、音乐、文学及其他成就。

(6) 制度、习俗。

三、中国大学英语教学中的文化教学

就目前而言，我国大学英语教学中的文化教学既有令人欣喜的地方，同时也存在很多问题。下面将重点从三个方面来分析当前中国大学英语教学中的文化教学。

(一) 文化教学的理论研究历程

我国在最初开设大学英语课程时关注的是语言知识的传授，为此语法翻译法、听说法成为外语教学的主流方法。外语教学的重心是词汇、语法知识，在此基础上培养学生听、说、读、写、译等语言技能。在应试的压力下，学生们花费了大量时间来记忆单词、做机械练习，从来没有关注过文化因素，这种纯粹的语言教学模式导致学生严重缺乏使用英语进行交际的能力。

随后，受社会发展以及国外重视文化教育的影响，国内外语教育界也开始了对文化教学方法、理论、模式等内容的研究，目的在于强化文化因素的教学，帮助学生提升自身的跨文化交际能力。大致而言，我国大学英语教学中关于文化方面的研究经历了以下三个阶段。

1．20 世纪 80 年代

这一时期，我国外语界刚刚意识到目的语文化在语言教学中所起的重要作用，进而达成一种共识，即在外语教学的过程中融入文化因素的教学。1982 年，胡文仲先生所出版的《文化差异和外语教学》是第一部关于在外语教学中开展文化教学的著述。随后，外语界以及外语教学界都开始关注、研究目的语中的文化内容。

在此阶段中，关于文化教学方面的研究通常都是对目的语文化的介绍，比较著名的著述有胡文仲的《跨文化交际与英语学习》、邓炎昌与刘润清二人合著的《英汉语言文化对比》。在众人研究成果的基础上，学者张占一提出了“交际”文化这一重要概念。所谓交际文化，是指处于两种不同文化背景下的人在交际过程中由于缺乏对某些词语、句子本身文化背景知识的了解而产生误解、冲突，这种直接影响交际的文化就被称为“交际文化”。

1990 年，“交际文化”的内涵得到进一步延伸与扩大，通常是指两个文化背景不同的人进行交际时，能够直接影响信息准确传递的所有语言、非语言的文化因素。

2．20 世纪 90 年代初

进入 20 世纪 90 年代后，外语教学界已经从对文化教学的宏观研究转变为微观研究，众位学者围绕语言教学与文化教学之间的密切关系，提出了从属、并行、融入三种有效结合方式，所达成的共识是语言教学中要教授文化内容。对于教授文化知识的方法与原则，学者们提出了四种观点：文化导入说、文化揭示说、文化融合说和文化语言有机化合说。在这四种观点中，前两种的影响比较大，如文化导入的方法就有以下四种：

(1) 直接阐释法。

(2) 交互融合法。

(3) 交际实践法。

(4) 异同比较法。

而文化揭示说则主张在教学中要为学生揭示一些隐含在语言系统中的文化因素，这些因素主要体现了一个民族所具有的是非标准、心理状态、价值观念、社会习俗、审美情趣、思维方式等。另外，这一观点还将文化区分为两种：表层文化与深层文化。表层文化指的是人们日常的生活习惯、方式、习俗、风俗等；深层文化指的是人们所持有的价值观、生活态度、宗教信仰等。

随着人们对文化教学展开进一步的深入研究，一些学者开始关注教学大纲、教材等方面的制订与编写，提议在外语教学中将语言、社会文化输入进行融合，同时对课堂教学提出了一定建议。

3．20 世纪 90 年代后期至今

这一阶段是外语教学界文化发展的高峰阶段，不管是在文化教学的理论上还是方法、实践上都出现了很多新的看法与建议。大致而言，这一阶段文化教学研究的主要成就如下所述。

(1) 提出了“1+1>2”和文化创造力等观点。学者们指出，语言、文化的学习可以在很大程度上提升学习者的个性，语言教学、文化教学在提升学习者整体素质、人格完善等方面具有重要作用，改变了以往人们只是将语言当作一种工具进行学习的错误看法。

(2) 提倡教师在英语文化教学过程中要注意文化知识与文化理解这两个层次，学习者学习初期应该处于文化知识的层次，等到高级阶段之后就应该是文化理解层次。

(3) 提出了大量文化教学的方法，如文化包、文化旁白、文化丛、同化法、对比法等。

(4) 如何教授文化、如何培养学习者的跨文化交际能力、文化教学对外语教学的必要性成为这一时期人们关注的核心内容。

(5) 提倡将文化内容添加到语言课程中，如文化导入就是将文化作为一种外在东西导入到语言教学中，教师充分利用教材的内容，在进行语言教学的同时展开文化导入教学。在此过程中，教师要重点关注干扰交际的文化因素，由浅入深、循序渐进地教授文化知识。

不得不承认的是，当前我国大学英语教学中的文化教学缺乏专门的教学大纲。大学英语教师在进行文化教学时没有教学大纲的指导，只是凭自己感兴趣的主题进行讲授，学生接触的也仅是零星的、散乱的文化背景知识。在应试教育的压力下，文化教学依然是语言教学的附属品，处于边缘位置。在这样的社会背景下，大学英语文化教学中的内容并不固定、全面，学生也难以形成深刻的印象。另外，当前大学英语教学中的文化教学主要针对的是“教学”方面，即如何讲授文化、提高学生跨文化交际能力，但缺乏对“文化”方面的研究，如文化定势、文化偏见、表层文化、深层文化、文化与历史的关联等。

(二) 文化教学的实践发展历程

对于文化教学的实践发展历程，这里主要从两个层面进行分析。

1. 大学英语教学大纲对文化的关注

大学英语教学大纲是在相关教学思想、理论内容的指导下，对大学英语教学的目标、要求、内容、评估等进行具体描述与给出明确规定的文件。纵观我国历史上所颁布的大学英语教学大纲可以看出语言与文化之间的紧密联系。

1962 年，中国第一部大学英语教学大纲颁布，即《英语教学大纲(试行草案)》，其中提出了大学英语教学的主要目的是“为学生今后阅读本专业英语书刊打下较扎实的语言基础”。当时的中国正处于百废待兴的阶段，大学英语教学旨在提高大学生的语言基础，重点是培养他们的英语阅读能力。

1980 年，《英语教学大纲(高等学校理工科本科四年制试用)(草案)》颁布，该大纲中规定的大学英语教学目标包括以下两个阶段。

(1) 基础英语教学阶段，这一阶段主要是为学生阅读英语科技书刊打下扎实的语言基础。

(2) 专业英语阅读阶段，这一阶段要求大学生具备顺利阅读有关专业英语书刊的能力。

1983 年高考中恢复英语这一科目，从而使我国高中英语教学得到大范围的普及。在这种新形势下，1985 年和 1986 年分别颁布了《大学英语教学大纲(高等学校理工科本科用)》《大学英语教学大纲(高等学校文理科本科用)》两个教学大纲。

(1) 《大学英语教学大纲(高等学校理工科本科用)》中提出的理工科英语学科的教学目标是“培养学生具有较强的阅读能力、一定的听和译的能力以及初步的写和说的能力，使学生能以英语为工具，获取专业所需的信息，并为进一步提高英语水平打下较好的基础。”

(2)《大学英语教学大纲(高等学校文理科本科用)》该大纲中提出的大学英语教学目标与理工科教学目标基本一致，不过没有“译的能力”这一项内容。

根据上述两项教学大纲的内容可以看出，培养学生通过口头、书面进行交际的能力是语言教学的最终目标。语言能力与交际能力是完全不同的两个概念，二者不能等同。事实上，语言能力是交际能力的基础，但有了语言能力并不等于就具备了交际能力。

1999 年，当时的大学生英语水平得到较大的提升，四、六级通过率的上升也十分明显。为此，新颁布的《大学英语教学大纲(修订本)》中规定，大学英语教学的目的是“培养学生具有较强的阅读能力和一定听、说、读、写、译的能力，使他们能用英语进行信息交流，大学英语教学应帮助学生打下扎实的语言基础，掌握良好的语言学习方法，提高文化素养，以适应社会发展和经济建设的需要。”这是我国大学英语教学大纲中首次对学生在文化素养方面提出要求。

2000 年，我国教育部高等教育司在颁布的《高职高专英语课程教学基本要求》中指出，“高职英语教学应该以实用和应用为教学主要思想，对学生的语言应用能力进行培养与提高。”

2004 年，为了适应 21 世纪社会发展的迫切需求，国家教育部门颁布了《大学英语课程教学要求(试行)》，其中提出大学英语的教学目标是“培养学生的英语综合应用能力，特别是听说能力，使他们在今后工作和社会交往中能用英语有效地进行口头和书面的信息交流，同时增强其自主学习的能力，提高综合文化素养，以适应我国社会发展和国际交流的需要。”该教学要求中还指出，大学英语是以外语教学理论为指导，以英语语言知识、应用技能、学习策略、跨文化交际为主要内容，集多种教学模式、方法、手段为一体的教学体系。大学英语不仅是一门语言知识的基础课程，更是大学生拓展知识、了解世界文化的重要教育课程。因此，大学英语课程在设计时应该充分考虑文化素质的培养以及国际文化知识的传授，使大学生通过语言这种载体了解西方的科学技术、文化习俗等知识。另外，要尽量在教学过程中安排跨文化交际方面的内容，促进大学生综合素质的提升。

2006年，国家教育部门颁布的《关于全面提高高等职业教育教学质量的若干意见》中指出，高职院校应该在党的教育方针引导下，“以服务为宗旨，以就业为导向，为社会主义现代化建设培养千百万高素质技能型专门人才。”

2007年，社会的发展对高校教育提出了更高的要求。为此，国家教育部门颁布了《大学英语课程教学要求》。其中提出的教学目标是“培养学生的英语综合应用能力，特别是听、说能力，使他们在今后工作和社会交往中能用英语有效地进行交际，同时增强其自主学习能力，提高综合文化素养，以适应我国社会发展和国际交流的需要。”该要求中指出了大学英语课程具有工具性、人文性的特征，明确了教学内容除了语言方面的知识、技能外，还包括人文方面的情感、素养、理想，这充分体现出一种转变，即从以往认为英语只是一门工具转变为现在的英语是素质教育的组成部分。

2009年教育部制定的《高职高专教育英语课程教学基本要求(试行)》中明确指出，“高职英语教学强调打好语言基础和培养语言应用能力；强调语言基本技能的训练和培养实际从事涉外活动的语言应用能力并重”。

在人们眼中，语言只是一种与人沟通、交流的工具。然而，语言并不仅仅只是一种工具。每一种语言中都承载着人的灵性、精神、感悟、风格，将人类的无穷智慧深藏其中。一种语言体现着一种与众不同的世界观，反映着一个民族文化的鲜明特点。多学习一门语言，就是多认识了一个民族和一种文化。人们学习语言的过程其实就是学习一种文化的过程，一个不断建构个人世界图景的过程。

综上所述可知，新教学大纲的颁发都是在以往教学大纲的基础上进行的修订与完善。英语教育的普及、社会的发展、高校的扩招等变化都对高校英语教学提出了新的挑战。为了迎接这些挑战，国家教育部门不断改进教学目标。大学英语教学从最初的传授语言知识、操练语言技能，逐渐转变为重视文化对大学生的影响作用，要从文化的角度来深入改革大学英语教学。在提高大学生英语水平的前提下，全面提高他们的综合文化素养。然而，虽然最新颁布的教学大纲强调了大学生要学习英语文化，但注意力仍然集中在学生的语言能力上，对文化教学的内容、要求、评估等都没有给出详细的要求，文化教学依然只是处于一种“从属”地位。另外，其中所涉及的国际文化、外国文化被人们默认为英美文化，丝毫没有提及大学生的母语文化，这在一定程度上而言是一种不足，应该引起教育部门的关注。

2. 大学英语教材中文化内容的分析

在文化全球化这一世界背景下，伴随着教学改革的步伐，越来越多的人意识到跨文化交际能力才是外语教学的真正目的，而这一目的的实现离不开大学英语教材这一重要的教学因素。相关学者提出，大学英语教材中所涉及的文化内容对大学生跨文化交际能力的培养影响巨大。通常而言，教材中的文化内容应该重点关注以下方面：

(1) 社会身份与群体，群体即社会阶层、少数族群。

(2) 社会互动，如互动的正式程度、群外人与群内人的互动等。

(3) 信仰，如宗教信仰；行为，如道德上的行为；国民特性，即国民的典型标志，通常指的是历史与当代事件；定势，如思维或文化定势。

(4) 社会及其制度，如法律、秩序、医疗、地方政府、社保。

(5) 人日常生活的圈子，即家庭、学校、工作。

(6) 国家历史、地理。

教材中对文化内容的分析应重视以下四个方面：

(1) 微观层面：教材中所涉及人物的各个方面，如人物进行活动的场所、活动中所表现的态度与价值观、社会背景等。

(2) 宏观层面：即大环境，如社会、历史、政治、文化等内容。

(3) 国际性与跨文化层面：学习者通过将两种不同文化进行对比引起对文化国际性问题的思考。

(4) 个人层面：这主要是指教材作者自身的风格、观点等。

教材中有关文化方面的内容应建立在准确的基础上，尽量使用当代社会的文化内容，体现出与时俱进的特点。文化内容应该避免文化定势，将真实画面呈现给学生，而不是掩盖某些问题。另外，还需要避免文化材料的内容出现意识形态上的偏向，也就是说，既不能偏向于外国文化，也不能偏向于母语文化，应该让学生通过自身学习、感悟来得出结论。对于文化事件应该通过结构、功能来展现现象，而不能孤立地展示现实。在融合历史文化内容时要体现出该材料与当前社会的关联性，如果是历史中的人物，则要体现出当时那个历史时的特点。

对于我国大多数高校而言，大学英语教学使用的主流教材有两套，即外语教学与研究出版社出版的《新视野大学英语读写教程》和上海外语教育出版社出版的《全新版大学英语综合教程》。这两套教材的 1～4 册适用于非英语专业的本科大学生，主要在大学一年级和二年级使用，共 4 学期。教材分为读写教程和听说教程，其中读写教程提供以课文为主导的阅读内容、写作指导、翻译练习，课文内容涵盖了目的语文化的多个方面，力求让学生在阅读课文的过程中接触目的语各方面的文化；听说教程是读写教程的辅助教材，主要用来训练大学生的听说能力。这两套教材中所涉及的文化内容如图 5-1 所示。

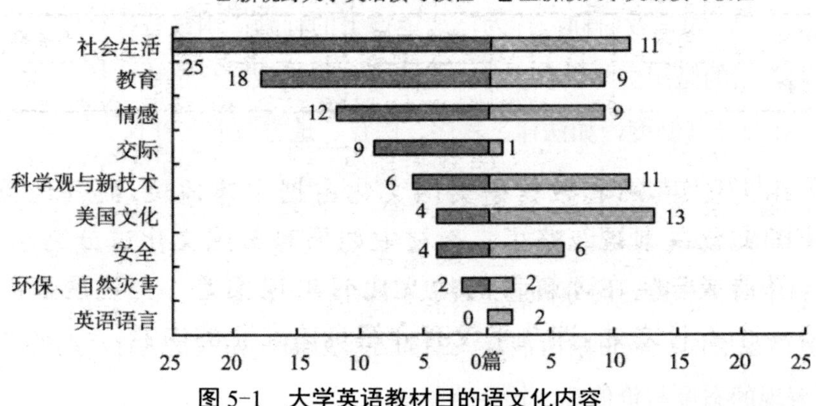

图 5-1　大学英语教材目的语文化内容

在两套教材所反映的文化内容中，大部分都是向学生介绍目的语文化的具体事实，如食品、民间传说、博览会、统计数据等，对目的语国家中关于社会阶级、少数族群、道德、宗教信仰、国民特性、国家历史地理、法律、医疗等方面的内容却基本没有。

可见，教材中关于文化方面的内容只是一些表象，并没有涉及目的语国家文化的深层内核。对文化深层结构缺乏分析，导致大学生知其然而不知其所以然。例如，在《新视野大学英语读写教程》第三册第四单元中，其课文《美国文化的五大象征》只是介绍了自由女神像、芭比娃娃、美国哥特式画作、野牛镍币、山姆大叔等文化的表象，并没有对表象之后的深层原因进行挖掘。

此外，经过统计后发现，两套教材中所涉及国家的范围十分狭窄。《新视野大学英语读写教程》的 4 册中共 80 篇课文，涉及的国家见表 5-1：

表 5-1　80 篇课文涉及的国家

国家	美国	英国	法国	日本	肯尼亚	合计	不能确定
篇数	42	3	2	2	1	50	30

《全新版大学英语综合教程》4 册共 64 篇课文，涉及的国家见表 5-2：

表 5-2　64 篇课文涉及的国家

国家	美国	英国	澳大利亚	俄罗斯	合计	不能确定
篇数	48	5	1	1	55	9

由上可知，两套教材中美国文化占据主体地位，而其他英语国家的文化基本被忽略了。教材中如果对美国文化过分突出，就很容易造成学生在理解目的语文化时出现偏差。上述两套教材还有一个不足之处，即几乎没有介绍母语文化的内容。

事实上，学生学习外国文化一个比较好的方式就是对比，将母语文化与外国文化进行对比，从而在自己的脑海中留下鲜明的印象。通过对比，学生更能够从国际角度来观察文化，进而提高自身的综合文化素养。因此，作为一种外语教学材料，教材中应该既有目的语文化，同时也涉及母语文化。学生在学习、对比目的语文化与母语文化的基础上才能获得跨文化交际所必需的、必要的敏感度与容忍态度。

在当前的大学英语教学中，人们日益关注如何提高学生的跨文化交际能力，为此对文化教学给予了极大关注。但不得不承认的是，大学英语教学中的文化教学效果却不甚明显。究其原因，主要是教学过程中所遇到的深层文化障碍并未消除。为此，本章就从民族中心主义、母语文化缺失两个层面来分析大学英语教学中的文化障碍。

第二节　大学英语教学中的文化障碍

一、民族中心主义

（一）文化优越感

文化优越感从根本上而言是由于民族中心主义倾向的产生。1906 年，威廉·萨姆纳(William G. Sumner)提出了“民族中心主义”这一概念。顾名思义，民族中心主义以自己群体所具有的优越感为信仰理念，在看待事情时往往将自己的民族置于中心位置，用自己的价值观去评判其他民族的文化。在民族中心主义者眼中，自己的文化理念高于其他文化理念，自己的文化生存方式是最理想的人生实践方式，在潜意识中期望其他群体也按照自己的思维和行为方式生活。在这种观念的影响下，“内集团”的优越感就会越来越强烈，而“外集团”层次低的看法也会被强化。持有民族中心主义倾向的人往往具有以下几个方面的表现。

(1) 认为自己文化中所发生的事件是正确和自然的，而其他群体文化中所发生的事件是不正确和不自然的。

(2) 认为“内集团”中的价值观、生活习俗、行为准则、社会角色等是放之四海而皆准的，即对自己好的东西对每一个人都好。

(3) 在行为方式上对“内集团”进行歌颂、赞同。

(4) 与“外集团”保持一定的关系距离，尤其是当个体的身份受到威胁或被伤害时尤其如此。

人们在自己所处的群体内习得文化，文化令个体认识到这个世界是什么样的、什么是好的与坏的，于是人们自然而然就相信自己的文化价值观是正确的。可见，每一种文化都教会他们的成员回应世界的“首选”方法，经常贴上“自然”“适当”等标签，于是人们就认为自己的文化是人性的、普世的。简言之，与我们相同的处事方式就是正确的，而与我们行为不同的方式则是错误的。

民族中心主义产生的文化优越感带来了明显的跨文化交际障碍，因为它阻碍了人们理解不一样的他者。事实上，所有的文化都具有很强烈的民族中心主义倾向，即用自己的文化标准去衡量他人的行为。在跨文化交际过程中，文化优越感带来的负面影响主要在于以下方面。

(1) 在将自己的文化与其他文化进行比较与评判之前，心中就已经认为自己的文化是符合自然规律的，是最好的。

(2) 对自己的文化形成一种狭隘的、自我保护的社会身份感。

(3) 对其他民族的文化持有一种文化定势。

文化优越感的典型表现就是当前英语在全球中的强势地位。一直以来，英语都是西方国家的文化根基，在其全球普及的过程中带来了深远的影响。对于西方国家而言，英语强势地位的影响是积极的、有利的，有助于西方国家软实力的全球扩张。然而，英语普及对于非英语国家的影响往往是负面的。

众所周知，语言是文化的载体，英语作为一门语言所承载的自然是西方国家的文化内容。因此，英语在非英语国家的传播过程中便将西方国家的文化、思想、价值观、信仰等注入这些国家。可见，许多非英语国家在使用、学习、了解英语这门语言时就在无意识中被西方国家的文化所侵蚀，而且这种局面在短时间内是无法改变的。还有人提出，以往西方列强侵略使用的手段是坚船利炮，而现在西方列强入侵他国使用的则是语言，这种途径只不过稍显文明一些。对于世界上的弱小国家或民族而言，英语强势地位所带来的负面影响是不可小觑的，有的甚至是毁灭性的，必须引起足够的重视，以防止在其影响下导致自身语言、文化、民族身份等的消亡。

中国同样是非英语国家中的一分子，对于英语的强势地位，其有利影响是促进英语在我国的普及，有效提高我国人民的综合素质、国际眼界，在很大程度上改善了我国与世界接轨的软环境；有利于我国改革开放、入驻世贸、申奥成功等具有重大影响的事件成功举办；有利于我国现代化建设的较快发展，与先进国家缩短差距。其不利方面就是英语普及所带来的潜在危险同时也在缓慢滋长，但相关学者认为这种担忧完全没有必要。因为汉语也是一种非常有生命力的语言，中华灿烂的文明并不惧怕任何外来文化的入侵。另外，一门语言总是在汲取他种语言养分中得到丰富与完善，也就是说，英语的普及从某种程度上而言也促进了汉语语言的发展。

(二) 文化定势

如前所述，在民族中心主义观念的影响下某一个文化群体中的人往往会对其他文化形成一种文化定势。文化定势对跨文化交际会产生一定影响，因而需要对其有充分了解。“定势”(stereotype)一词是由沃尔特·李普曼(Walter Lippmann)于

1922 年首次提出的，有的译者也将该词翻译为“刻板印象”。

“定势”是一个中性词，既可以传达正面的信息，也可以传达负面的信息。所谓定势，“即对某个群体成员的一套夸大期望，或者是对一个成员资格群体所持的潜意识信念，是对一个身份群体过于一般化的概述，以及对其文化过于简单化的态度，不试图去理解身份分类中的个体变化情况。”“定势”是对一个群体十分泛化的认知，当人们使用定势来对待他人时，就意味着将这类人进行了划分，并断言这类人都具有某些共同的特点。文化定势的形成源于以下几个方面的因素。

(1) 个体从身边人的行为举止中习得文化定势。例如，当学生听到父母说“某类人控制了电影行业是十分糟糕的”，这就在无形中学习了一种文化定势。

(2) 个体从有限的接触中获得文化定势。例如，当遇到一个巴西来的人，这个人非常有钱，于是就认定所有巴西人都是富有的，这就是一种文化定势。

(3) 个体从媒体报道中获得文化定势。例如，电影、电视中所提供的很多关于种族方面的歪曲、错误画面，就是在引导个体形成一种文化定势。

为了更准确地把握“定势”一词，这里将其与偏见进行区分。“偏见”本身就是一个贬义词，是建立在不公正的认知和情感成见基础上的，在没有预先了解的情况下去自主地判断一些人与事，带有很大的主观色彩，并且是在一种错误概括基础上表现出的反感态度。在跨文化交际中，“偏见”主要有以下几个方面的表现。

(1) 口头歧视。

(2) 表现出规避态度。通常而言，人都有一种本能，即避免与自己不喜欢的人交谈或接触。

(3) 表现出一定的歧视行为。如果对某人有偏见，就会在不自觉中做出很多排斥该人的动作。

在跨文化交际过程中，对某一种文化的描述经过不断复制就会形成定势。一旦在定势中加入感情成分，定势就会发展成偏见。又因为文化定势具有稳定性，因而一旦形成文化定势与偏见后是很难改变的。

大学生在认知过程中很容易受到大众、传播媒介的影响而形成文化定势或偏见。通过分析当前高校最主要的两套英语教材可以得知，教材内容几乎不涉及西方国家的政治、选举、法治等内容，由此使大学生对西方国家的政治、社会现实十分缺乏了解。例如，《全新版大学英语综合教程》第三册第七单元中的两篇文章，一篇介绍了一位推销员生活的艰辛，另一篇介绍了劳动工人与儿子之间的代沟。学生在学习后所了解的是西方国家劳动人民生活的不易。

诚然，西方资本主义阶级通过剥削劳动人民的剩余价值来积累财富，但我们也应该看到有些资本家也会将自己的财富给予更多需要帮助的人。比尔·盖茨夫妇建立了世界上最大的基金会，他们打算将自己400多亿美元的财富全部捐给社会；巴菲特在世界富豪榜上排名第二，他的遗嘱中写明会将总值约305亿美元的99%捐给慈善事业……1999年经过统计，美国1998年的慈善捐赠已经达到国内总值的2.17%。

由于教材、传媒等缺乏对西方国家全面、客观、真实的介绍，使学生对其一知半解。在学习过程中所获取的零散的文化知识很容易让他们对西方国家的文化形成一种一成不变的看法，即文化定势或偏见。如此一来，学生的跨文化交际能力就难以得到有效提升。

文化会随着社会的发展而不断变化，历史时期不同，社会所体现的文化就不同。因此，在大学英语教学过程中必须使学生理解目的语国家或民族的深层文化，减少文化定势的形成。如果学生的思维依然停留在过去的时间段，用太过简单的思维来看待当前的西方社会文化，那么在沟通中就不可避免地会出现问题和偏差。因此，大学英语教学要促使学生用辩证、发展的眼光来审视西方文化，形成自己的独立思维，进而促进自身跨文化交际能力的提高。

二、母语文化缺失

（一）教学大纲漠视母语文化

虽然2007年制定的《大学英语课程教学要求》中增加了对文化教学的要求，即除语言知识、技能之外，还需要包括人文情感、人文素养、人文理念等方面的培育，但是这里面所提及的文化指的是目的语文化，完全不涉及母语文化。学者爱德华·霍尔(Edward Hall)经过多年的研究与探索后提出，在学习外语时面对的真正困难不是理解外国的文化，而是对本国文化的理解。人们之所以对外国文化进行研究，主要就是为了更深入地了解自己的文化系统与活动状况，将外国的文化与自己的文化进行对比，然后体验到强烈的差异，进而产生对生活的极大兴趣。认识自身文化知识的最有效方式之一就是重视他人的文化，这要求人们注意自己文化与他人文化间存在差异的各种生活细节。

在大学英语教学中仅学习英语国家的文化是不够的，必须延伸到对自己母语文化的学习。重视对目的语文化的学习并不意味着要成为目的语文化的奴隶，对其的态度不应该是一种膜拜，而应该是一种尊重。学习任何一门外语都不应该放弃对自己母语文化的学习，因为这是一种无知的表现。在我国，社会需要的是双语甚至多语的人，这类人会比仅说一种语言的中国人更能了解母语文化——中华文化，大学英语教学中不可忽视对中华文化内容的教授。

(二) 英语教材漠视母语文化

在大学英语教学的过程中，为了最大限度地为学生创造英语学习氛围，消除母语文化对英语学习的负迁移影响，大学英语教材中几乎不涉及母语文化的内容。例如，《新视野大学英语读写教程》一书中一共有 80 篇文章，其中提到中国的仅有 6 篇。在这 6 篇文章中，4 篇中都是仅有一句话涉及中国，另外两篇则讲的是华裔美国人的日常生活。再来看《全新版大学英语综合教程》这本书，其中一共有 64 篇文章，只有两篇涉及中国，而且也只有一两句话。可见，大学英语教材中的华夏文化几乎处于一种空白状态。

事实上，一本高质量的英语教材应该包括目的语文化材料、源文化材料、以英语为母语的国家的文化、学习者自己的文化。在教授文化时，教师需要有提示学生母语文化的意识，因为母语文化是与目的语文化展开比较的基础。通过将母语文化与目的语文化进行对比，方能彰显出目的语文化的特色，进而提升学生对这两种文化的深层理解，获得交际过程中所需要的敏感度。

英语教材中对母语文化漠视所带来的影响是，中国很多青年学者英语水平不低，但在与西方人交流过程中却无法显示出自古文化大国学者所应具备的深厚文化素养以及独立的文化人格。例如，在学校为博士生、硕士生举办的口语强化培训课程中，学生会直接使用 Kongzi 与外教谈论与孔子相关的内容，然而外教却完全不知学生在说什么，因为“孔子”在英语中的对应词语是 Confucius，当外教与学生讨论中国的儒教传统时，学生完全不知如何回答。

学生不知道“三国”“水浒”“清明”“端午”这些文化词如何用英语表达，对于中国历史上所经历的朝代、文学、建筑、信仰等，更是无法用英语流利表述。可见，大学英语教学中缺失母语文化带来的影响是巨大的，学生对母语文化不理解、不重视，在跨文化交际过程中就无法向外传播母语文化，更严重的是还会在英语学习过程中接受目的语文化的行为与规则，反而会对自己的母语文化产生疏远心理。

第三节　教学改革背景下的大学英语教学与文化相结合

为了有计划、有目的和有层次地将文化内容融入大学英语课堂教学的总体系中，帮助学生有效克服因文化差异而带来的跨文化交际障碍，教师在教学中应发挥积极的引导作用。本节就对教学改革背景下的大学英语教学与文化相结合的原则、方法进行研究。

一、大学英语教学与文化相结合的原则

文化教学的内容应有机地融入大学英语教学的系统中去，使语言知识和技能的教授与文化的介绍同步进行，从而实现语言习得与文化习得的一致性。大学英语教学与文化相结合一般要遵循以下几点原则。

（一）交际性原则

教师在文化教学中应充分考虑文化内容的“交际性”，即语言在跨文化交际语境中所传递的交际信息。文化教学的目的是为了培养与提高学生的跨文化交际能

力，因此教师需要向学生传授的应该是那些词汇含义对应、文化含义不同或是语言含义对应但文化含义不同的文化知识，这些干扰跨文化交际的知识容易使学生在理解和使用上产生误解。例如，英语中的 social security card 直译为汉语是“社会安全卡”，或将 social security number 译为“社会安全号码”，因为没有在真实语境中的经历，学生很容易认可其翻译的“合理性”，其实此处是望文生义的错误。social security 在美国指老年人生活保障制度、失业救济和医疗保险制度，在英国指失业、年老和残疾者的社会救济金。因此，social security card 即是社会保险证，在日常生活中能起到身份证和护照的作用。在银行开户时就要出示 social security number，即社会保险证号码。

（二）对比性原则

对比性原则是指教师在英语文化教学中有意识地引导学生将英语国家的文化和本国的文化进行对比，使其发现中西方文化存在的差异。来自不同文化间的人相互沟通交流时，彼此间的信息往往你有我无或者你无我有。因此，对不同文化进行对比，不仅可以加深对英语国家文化的认识，了解在价值观、思维模式、审美情趣等方面所存在的差异，避免形成种族中心主义，有助于提高学生的文化理解能力。同时，还可以更加深入地理解不同的文化概念，避免“以己度人”，用本国的标准来解决文化冲突。

不同的文化产生不同的生活方式、价值观念、思考方式和社会规范，文化冲击或文化冲突难以避免。在英语文化教学中，运用对比性原则可以加深对其他文化的了解，消除互相的误会，从而减少直至避免由于文化的冲突而引起的暴力行为等。

（三）灵活性原则

为了取得更好的文化教学效果，更有效地培养与提高学生的跨文化交际能力，教师应该对不同的学生，按不同的教学要求，灵活采用不同的教学方法，因材施教，以激发学生的学习兴趣，调动学生学习文化的积极性。在文化教学中，文化知识的理解相对容易，教师可以通过组织小组讨论、进行角色表演、开办文化知识专题讲座等引导学生学习文化知识，让学生在跨文化交际中对文化知识的运用更加自如。

同时，在英语教学的过程中，教师应该将文化教学的场所延伸到课外，做到课内外相结合，开展内容丰富、形式多样的课外实践活动，以此加强学生的实际运用能力。例如，教师可以通过开展读书活动、英语角、英语晚会等，帮助学生不断积累文化知识，使学生语言知识与文化洞察力同步增长，语言技能与文化能力同步增长。通过这些活动，学生不仅可以学会以正确的语法结构、恰当的语义和适合场合要求的外语进行交际，而且可以增大信息获得的准确性，减少交际中的误会，从而增进互相了解。

（四）适度性原则

一方面，适度性原则是指教师在文化教学中所采用的教学方法要具有适度性。教师在文化教学中应该创造机会，让学生进行探究式、研究式学习。在小组讨论、游戏互动中学生会有更高的学习积极性和课堂参与度。另一方面，适度性原则还指教师在文化教学中所使用的教学材料要有适度性。教学中所选择的材料要能代表主流文化，代表普遍性文化，而不是个别的、特殊的文化。

文化内容广泛复杂，而课堂时间毕竟是有限的，因此，教师需要根据课文内容对涉及的文化背景进行讲解，有针对性地对文化点进行阐释，而不能过分追求文化面，以免过多过滥。总体而言，教师要根据教学任务、教学目的的需要，考虑学生的接受能力，适度地教授学生学习所需要的文化内容，而不是无限制地进行文化教学。

适度原则应该以扫除在当前教学中遇到的文化障碍为标准，并适当考虑克服今后相同或类似的障碍。也就是说，在文化教学中，只根据此时此景的文化障碍或文化冲突而进行必要的背景文化介绍。同时，文化知识所传授的面和度可适当放宽一些，以便于为今后克服相同或类似障碍作铺垫。另外，适度性原则也意味着教师应该控制文化教学占用的教学时数，因为如果缺乏针对性，宽泛、深入地介绍文化背景知识，势必占用宝贵的教学时间。因此，点到为止或稍加发挥也是适度的应有之义。

二、大学英语教学与文化相结合的方法

大学英语教学与文化相结合可以大大提高学生自身的文化素养，这要求教师必须转变和创新大学英语教学模式。

（一）对比分析法

对比分析法就是在文化教学中将其他国家的语言文化与本土文化进行对比，让学生对两种文化系统下的行为规约、文化规约进行理解和掌握。如果对某些相同点有所了解，可以方便我们对这部分内容的正迁移，而对于两种文化的不同点有所了解，也是为了避免出现负迁移的情况。在运用对比分析法的时候，不能仅仅局限于对比表层的形式上，而应该挖掘出深层的内涵，即不仅要进行语言对比，同时还要进行非语言的对比。对比分析法有助于克服英语习得过程中的心理障碍，培养学生的文化知识。当然在对比两种文化的时候，教师应该处于引导的作用，不应该使学生产生偏见的心理，正确认识和处理两种文化的关系，这需要教师做到以下两点。

(1) 以客观、宽容的态度来对待异国文化，杜绝出现排斥外来文化的民族主义情绪。

(2) 对外国文化要去粗取精、去伪存真，并不是要求学生盲目追随，在不做任何分析的情况下全盘接受。

在英语文化教学中，对比可应用在对不同词汇的文化内涵、不同习惯用语的文化背景、不同句法的语法运用、不同演讲的语言风格方面的比较中，尤其应注意词汇和习惯用语的文化含义和交际价值。例如，汉语中的“户口”或“户籍”一词是指中国大陆地方行政机关以户为单位登记本地区居民的册子，是作为本地居民的身份证明。然而，没有这一制度的国家的人是不能理解这一词汇的含义的。又如，“喜鹊”对于中国人而言，是给人带来喜讯或者传达贵人来访的喜庆之鸟，但对于西方人来说，“magpie”却只能带来吵闹，有叽叽喳喳的饶舌人寓意，含贬

义。所以，通过对比可以得知，在欢迎来访的西方朋友时说："喜鹊叫，贵客到!"就是极其不礼貌的行为。

（二）课外体验法

英语文化课程教学的课堂时间是十分有限的，而英语文化包含的内容纷繁复杂。因此，为了扩大学生的文化知识，除了充分利用课上时间外，教师还应该充分利用课外活动来扩大学生的知识面，促进学生交际能力和语言运用能力的提高。教师可以帮助学生在课后开展形式多样的有关文化、交际知识的课外活动，通过形式多样的课外活动增加学生对文化的理解和对文化差异的认识。例如，教师可以在课后组织学生开展一系列有关西方文化的讲座，也可以组织学生开展有关文化交际的文艺晚会、知识竞赛等。

（三）媒体展示法

媒体手段主要有电视、电影、电脑等，这些都是日常生活中人们常用的介质，通过这些介质，学生不仅可以更多地了解西方国家的风俗习惯、社会生活、日常用语等，而且可以了解和掌握不同地区、阶层的语言特色以及一些常用的非语言手段。这尤其体现在一些电视节目中，常常会出现一些常用的手势、表情等，这为学生提供了丰富的学习素材，当然学生观看介绍西方文化的纪录片也是更直接与直观的手段。

（四）文化测试法

学生在学习英语的过程中，通过接触和了解外国文化，克服民族中心主义，从而获得对外国文化的尊重和宽容的态度，这就是所谓的文化理解。我国传统的英语考试往往只注重对英语语言知识的考核，而忽视了学生的文化理解能力，从而导致教师和学生对英语文化知识的忽视。因此在英语教学中，需要强化对文化理解的考核，以考试促进教师对文化的教授和学生对文化的学习。强化对文化理解的考核可以通过以下两方面来进行。

1. 在笔试中增加对文化的考查

在传统考试中，考核内容大多以语音、词汇和语法等语言知识和听力、口语、阅读、写作等语言技能为主。为了增加英语教学中的文化融合，可以适当增加对文化知识的考查。

2. 增加活动形式的考查

要彻底改变以笔试为唯一评价方式的现状，结合朗诵、演讲、讨论、课本剧表演、编写英语小报等多种活动形式来考查学生的综合语言能力，并给予学生评语式评价。这些活动形式的考查不仅可以让学生在考试的过程中认识、理解英语文化，提高交际能力，还可以了解学生在学习过程中的兴趣、参与、协作和探索精神，从而有利于促进学生综合素质的提高。

总之，大学英语文化教学是一个较为复杂的课题，教师应当多维度、深层次、系统地进行文化知识的教学。

第四节　跨文化交际下的英语教学分析

一、中外文化的基本特征

关于文化的基本特征，中西方文化都有传承性、二元性等，但由于中西文化发展的社会背景不同，所以也有不同的特征表现。

(一) 中国传统文化的基本特征

中国传统文化多是诞生于内陆河流域，成长在自然环境相对封闭的地域，被冠以“大陆文化”之称，塑造了一代代华夏儿女。中国的地理环境、生活方式、宗教信仰以及乡土情怀等方面都影响着文化的特征，表现为以下几个方面：

第一，中国传统文化的统一性。在历史发展中，尽管政治、经济不断地变化，而文化的统一性作为主线不曾被瓦解。中国文化在发展中，形成以华夏文化为中心、各民族文化相融的统一体，在面对民族危机时，传统文化始终作为主线，维护了统一性，这是其他国家或者民族文化不具备的特色。

第二，中国传统文化的延续性。中国的历史经历着不断改朝换代，政治和经济也发生着巨大的变化，但文化却依然不曾被中断过。以儒学为主线的思想主流，一直贯穿于传统文化中，具有牢固的地位。

第三，中国传统文化的中庸性。中国人所讲求的是中庸之道，来源于传统的哲学理论和道家学说。中国古代就已经形成了较为完整的哲学宇宙观：阴阳、五行、天道、太极、气理等相互关系的论述，对于社会相互关系间的稳定、平衡和中庸起到了强化的作用，所以至今，在我们接受的教育中，依旧很强调“中庸”，大方得体、态度平和。

第四，中国传统文化的乡土性。中国文化诞生于小农经济之上，有着浓重的乡土性。中国作为一个典型的农业型社会，人们的衣食住行离不开土地经济，抹杀不了人们对于乡土的依恋，对于乡土的那份厚重的情谊。正是这样一特征，使得五十六个民族的文化找到了共同的支撑点，各民族间互相交流、共同进退、相互扶持。

第五，中国传统文化的非宗教性。中国传统文化最为显著的特征是非宗教化，中国传统文化诞生于生产之中。在这个过程中，人与人之间的关系、人与自然界之间的矛盾，促使人们探索和总结生产经验，并衍生出了文化。所以，中国的非宗教的特征，是由其浓厚的人文精神决定的，并非虚拟的宗教信仰能够支配的。

（二）西方文化的基本特征

西方文化属于海洋文化，与其地理位置有关，受到了地理、气候等自然条件的约束。欧洲大陆多山，土地相对贫瘠，自然资源相对缺乏等，所以文化发展就建立在掠夺资源、对外征伐以及商业竞争上。西方文化的发展起源于古希腊罗马的奴隶制文化，经过各民族的继承和发展，西方文化的特征表现为以下几方面：

第一，西方文化的海洋性。西方文化多是诞生于海洋，成长于海洋气候变化相对要恶劣的环境中，所以西方人养成了冒险和对外扩张的性格特征。

第二，西方文化的宗教性。西方文化的宗教的气息浓厚。如古希腊的神话，希腊人在生产生活方面，都设定了一个专门的神，并将其人格化，祭祀和供奉的形式也不同于中国文化，由此彰显个体生命能力以及由此而衍生出来的精神文化。

第三，西方文化的注重理性。研究西方文化会发现理性精神对西方文化的深刻影响，科学和法律成为西方文化的重要支柱。

第四，西方文化的崇尚个体。西方文化肯定了个人存在的价值，人类社会结合的基础。如文艺复兴时期，西方人对个体价值和人格尊严的要求从教权的阴影下重新解放出来。18 世纪的启蒙运动更是普遍提倡人生而自由和平等的“天赋人权”观念。

二、跨文化交际

跨文化交际包括来自不同文化的群体之间的交际，涵盖任何意义上的或任何层面上的不同文化或不同文化人际间交际的研究。文化研究是一个漫长可持续的过程，随着时代的不同研究的视角也不尽相同。不管是东方文化的研究视角，还是西方文化的研究视角，都会与政治需要、经济导向、教育机制相关联，使文化研究朝着不同的方向延伸和发展。跨文化交际的研究主要包含以下几个视角。

（一）国别文化

一个国家或民族，由于其自身的生产生活方式不同，导致产生的文化表现形式多样性。如节日的规定，庆祝方式，都因国家或民族而异。

（二）地域文化

首先，地域文化指的是不同区域的文化。地域文化的形成是一个长期持续的过程，随着时代的更替以及新事物的使用而发生变化，但在特定阶段中，又具有稳定性。其次，地域文化可归类为“民族文化”或者“民俗文化”。“民族文化”和“民俗文化”都与地域相关，如中国境内有着五十六个民族，每个民族的风俗、风情都是不一样的；希腊罗马文化两者之间的差异却非常大。总的来说，不同地域文化差异大致表现在饮食文化、民间信仰、民间建筑等方面。

（三）通俗文化

通俗文化的接受的对象是广泛的，其内容与人们的生活有关，表达自身内心的情，弥补了高雅文化的不足，给人们提供一个更为广阔的文化交流平台，能够摆上这个平台的文化可以是大众共赏的，没有阶层之分。

(四) 大众文化

大众文化是以广大人民群众的生存生活需要为出发点和归宿点的人文形态。可以发现，这种文化能全面阐释和表现人文本质，深度地表现了人文精神，涵盖了人文目标以及人文价值的理性。它得到很多人的认可，成为渗透力极强的文化现象之一。大众文化不具备阶层性，是一种雅俗共赏的文化。

(五) 宗教文化

宗教反映了人类信仰的文化现象之一，在人类文明的发展过程中与文化的起源和发展息息相关，宗教文化渗透的范围相当广阔。宗教是人类社会发展进程中的一种特殊文化现象，是传统文化的重要组成部分之一，时刻影响着人们的思想意识、行为习惯、生活规律等方面。如道教经典之作《道藏》，涉及的社会现象上至天文下至地理，有道教经术、医药养生以及修道教的经书宝典和探讨传统文化的珍贵资料。

三、跨文化交际教学中的困难

英语语言学习的困难是多方面的，本部分主要从以下几个方面进行阐述。

(一) 语言符号的理解难度

1. 不同顺序不同含义

由于同样的语言符号，顺序不同，含义可能就有所变化。如“屡败屡战”和“屡战屡败”一褒一贬；“小王跟小李过不去”和“小李跟小王过不去”责任在谁完全不同；“中国人像日本人”和“日本人像中国人”主、从地位完全对立。可见，同样的语言符号，排列组合顺序上的差异，会带来语用含义的不同。

2. 不同语境不同含义

不仅如此，同样的语言符号在不同的语境中可能会有不止一种理解和解释。如“明天他要来这里”的时间、地点、人物都会随着语境的变化而变化；“送货上门”究竟送到哪个门取决于双方的解释；“汽车前边有一束花”，一束花可能在车上也可能不在车上；“男人就是男人”，可能是褒扬也可能是贬抑，往往取决于语境。

（二）学生的语用能力有待提高

语用能力以语言能力为基础，但是语言能力强并不一定意味着其语用能力也强。外语教学要注重培养学生使用目的语的交际能力，交际能力的核心是语用能力，包括知识和技能。语用能力分为语用语言能力和社交语用能力，前者以语法为基础，涉及语言的使用规则，正确地运用语法规则遣词造句，在一定语境条件下正确地使用语言形式实施某一交际功能。社交语用能力指根据社会文化规则进行得体交际的能力，尤其是在跨文化环境中的语用差异。应引导学生正确理解和运用语用知识获取话语字面意义以外的语用含义和间接信息。例如，面对一个交际者，采用什么称呼语来称呼对方，涉及交际双方的身份、年龄、职业、熟悉程度、社会地位、性别、交际场合等，这就牵涉到语用能力的问题。此外，邀请、拒绝、批评、寒暄、请求等言语行为的实施所采取的方式都涉及语用能力。

第六章　英语教学模式研究

第一节　模块教学模式

模块教学模式是高校英语教学改革的重要组成部分。这种教学模式有较强的系统性，将英语教学分为知识、技能、拓展三大模块，并在不同的学期中分别进行有针对性教学，最终提高学生的综合语言应用能力。

一、模块教学模式的定义

随着英语教学改革的推进，英语教学系统改革向着能力化、技能化、多样化、信息化的方向发展。在这种转变中，英语模块教学模式应运而生。

模块教学通过一个能力和素质的教育专题，强调知能一体的教学法以及知行一致的学习法。并主张提高学生的素质和技能，通过开展理论、技能、实践等活动来实现教学目标。

大学英语模块教学能够丰富英语课程，使课程更多样化。同时，也便于提高学生对英语学习的兴趣，调动学习的积极性。

二、模块教学模式的展开

英语模块教学模式主张在一定时期内对学生进行阶段性目标的培养，这也符合新的教学要求。

模块教学模式是对整个教学系统的管理，在实施过程中需要教学工作者进行科学设计。对大学英语模块教学中的模块可进行如下划分，如表 6-1 所示。

表 6-1　大学英语模块教学中的模块分类

基本分类	更细的模块分类
知识模块	语音模块
	词汇模块
	语法模块

续表

基本分类	更细的模块分类
技能模块	听说模块
	阅读模块
	写作模块
	翻译模块
拓展模块	各门外语类选修课
	第二课堂活动

以拓展模块为例对模块教学模式进行分析。拓展模块主要是对学生的能力进行拓展，对此，可开展丰富多样的课程。具体包含以下几个方面。

模块 1：开设一些应用专业型英语后续课程，如时事新闻、商务英语、旅游英语、经济英语、法律英语、商务信函写作、实用英语写作等。

模块 2：开设实用技能型英语的后续课程，如日常口语提高、高级口语、听力提高、演讲、视听说、高级写作等。

模块 3：开设跨文化知识型英语的后续课程，介绍西方各国文化、常识、思维方式、价值观、民俗、礼仪、历史、教育、宗教；对比传授中西文化、跨文化研究等。

模块 4：开设欣赏型课程，如欣赏电影、音乐、神话、小说、诗歌、散文、演说等。

模块 5：开设综合考试型课程，如继续通用英语的深入学习、考研英语、雅思等各类出国考试的培训。

这些模块依据学生和社会的需求，通过语言实践，可提高学生的实际应用英语能力、语言能力和文化修养、专业信息获取能力、语言表达能力，从而适应社会需求。这样的拓展模块设计，不但细化了学生对大学英语教学的需求，在整体上也建立和完善了与传统大学英语教学体系完全不同的大学英语拓展模块体系。

第二节　交际教学模式

一、交际教学理论

交际法英语教学的含义很广，它涉及所有与教学有关的教学大纲的内容、教材的编写、具体的课堂教学方法与课堂活动的设计，以及与之相应的考试设计与评估体系。交际法英语教学的理论在其形成过程中，汲取了很多学科的见解，例如哲学、社会学、人类学、语言学、心理学等，因此交际法英语教学的内容相当丰富。交际法英语教学理论的核心是美国的人类学教授社会语言学家德尔·海姆斯首先提出的交际能力学说，这一学说由海姆斯在70年代初提出后，80年代初经过加拿大学者卡纳尔和斯温的补充，而在80年代末90年代初又由美国学者巴克曼作了进一步发展。海姆斯的这一学说是大胆而划时代的，因为在海姆斯之前，以乔姆斯基为代表的语言学理论一直占着统治地位。海姆斯认为乔姆斯基将语言学研究局限于“完全相同的言语集团”和“理想的言者——听者”的观点是“伊甸园观点”，缺乏实际经验验证，因为现实世界并非如此纯粹和理想。针对乔姆斯基将语言能力定义为语言体系知识或语法规则知识的观点，海姆斯提出了现今经常被人引用的著名论断，即语言“有使用规则，没有使用规则，语法规则将是无用的”。他提出，在自然的语言习得过程中，一个正常的孩子所获得的句子知识不仅有语法方面的，而且还有恰当与否这个使用方面的问题。一个孩子在成长的最初几年，他获得的语言能力包括学会应该说什么不应该说什么；什么时候该说，什么时候不该说；应该对谁说，不应该对谁说；应该在什么场合说，不应该在什么场合说；应该以何种方式说，不应该以何种方式说等……这就是说，人在自然的语言习得过程中，通过参加社群的言语活动，不仅学习语言的规则(即语法)，还学会言语行为的规则(即用法)，并能根据别人的反应评估自己的言语行为。海姆斯认为这种能力的获得是社会经验、社会需要和社会动机所使然，语言学应该将注意力转向人的交际能力和社会生活。

二、交际法教学模式的特点及原则

教学方法是一个义的概念，它指实现教学目标的总的手段，包括具体的教学步骤、教学活动和教学技巧，这包括有关教与学的一般性原则。理想的交际英语教学应该是借助有效的交际教学手段，实施交际教材所提供的任务，达到交际大纲所规定的目标。交际法英语教学在欧洲刚兴起时，人们比较重视大纲的设计和教材的编写，目前则偏重强调教学法。交际教学法应遵循的三条原则，即一切活动围绕交际；尽量重现交际过程；不要总是纠正错误。

交际英语教学应具有布朗所述的四个特点：

(1) 课堂的中心应是全部的交际能力，不应局限于语法能力或语言能力；

(2) 设计语言学习方法的目的是使学生在实用、真实的情景中有意义地学习语言的实际使用；

(3) 把流利性和准确性看作是以交际策略为基础的两个补充原则；

(4) 在交际法课堂上，学生学习的最终目的必须是在未经排练的情景中，领会性地使用交际性语言。

在上述的四个特点中，第三条是对学生交流中错误的容忍。这一点对大学英语教学尤其重要，对教学实践的转变具有指导性。交际法英语教区别与其他教学法的一个明显特征就是对学生的语言错误——特别是语法错误，采取比较宽容的态度，因为交际法教学强调意思的相互传递，语言的自由选择和交际目的的实现，传统的教学法比较强调语言形式的正确性，因而与对学生的每个语言错误进行纠正相反的是，交际教学法认为，有错必纠的做法会使学生因害怕犯错误而不敢大胆地表达自己的意思，妨碍学生的自由交际。

当然，交际教学法并非鼓励学生犯错误，或者不去纠正学生的语言错误。作为非母语的外语教师和语言工作者，我们都知道，在语言学习过程中，犯错误是一种正常现象，儿童学说母语尚且如此，何况学生学习外语。学生说外语时犯了错误，说明学生正在尝试使用语言，这并不是坏事。应用语言学界的权威科德认为：错误对语言学习是重要的；另一位心理语言学家塞林克提出的“中介语”理论对外语学习很有启发。所谓中介语，就是外语学习者所使用的外语，它既是外语又不完全是外国人自己说的外语，而是一种介于母语和外语之间的中间语或中间阶段比如很多中国学生初学英语时出现的“Chinglish”(即中式英语)就是一种典型的“中介语”代用汉语的思维习惯，将英语的单词、词组等按汉语的组句方式和表达习惯表达出来。很多外语教师对这种“中式英语”深恶痛绝，有时甚至对有这类语言习惯的学生非常苛刻。每个外语学习者都会经历这个阶段，学习者不可能一下子完美地掌握外语，也不可能一下子像外国人那样地道地使用外语，所以语言使用中会不可避免地出现不够规范的地方，如语音、语调、用词、句法、表达习惯、文体等。

可以说，出现“中式英语”这样的中介语是中国学生学英语过程中不可避免的阶段，怕犯错误学不好外语，不犯错误不可能学习好外语。语言教学的首要任务是给学生提供各种学习的机会，让学生在实践中不断认识错误，纠正错误，提高自己，以求不断接近完美。经验告诉我们，外语学习者一般只有在目标语群体中生活相当长一段时间后，才有可能达到讲外语的本族人的水平，外语教学很难在学生的母语环境中让学生达到那种水平。因此，从这个意义上讲，学生的语言错误，或者学生的语言中与讲外语的本族人的语言不一致的地方总是存在。

我们必须清楚地知道，交际法英语教学不是对学生的语言不作纠正，而是对错误作具体分析，区别对待根据第一语言习得的经验，孩子所犯的错误经常需要家长或老师不断地予以纠正，所以学生的语言错误肯定需要纠正，但关键在于纠正什么样的错误，何时纠正，如何纠正等。语言错误也有大有小，小的错误可能只是使语言形式或者句子结构看上去或者听起来不舒服，大的错误可以导致误解，甚至无法理解。亨德里可森指出，严重影响交际的错误，冒犯听者或者读者的错误和经常犯的错误完全应该纠正，但是不管错误大小，每错必纠的做法对外语学习反而起反作用。

三、交际教学模式改革的障碍

根据教学论的观点，任何一种教学活动都要受到相应的教学环境的制约。所谓教学环境是指影响教学活动的各种外部条件，或者指学校教学活动所必需的诸多客观条件的综合。教学环境因素很多，诸如教学自然环境、物质环境、人际环境、观念环境、班级教学环境以及教学社会环境。教学环境对教学、对学生既有正面的影响，又有负面的影响，因此要进行大学英语教学改革，实施交际法教学，就需要对教学的整体环境的许多方面进行变革，使教学环境尽可能朝着有利于教学发展的方面变化。

综观我国的大学英语教学现状和教学环境，教师要转变自己的教学实践所面临的挑战是巨大的，其原因是多方面的。

首先，教与学的矛盾对教师的挑战。学校里实行的教学评估手段有一些不尽合理、不利于教师的因素，从而影响教师的积极性和转变教学实践的原动力。比如采用学生给教师打分的方式考核教师的工作状态，学生给教师打分常常感情用事，有的教师对学生要求严格，不讨学生喜欢，落得个低分，不利于激励教师更加投入工作。另外，对教师教学实践的各方面改革，学生的评价也有很大的偏差。比如，有的教师想多抓口语训练，培养交际能力，但班上不爱开口说话的学生不感兴趣，认为浪费时间；有的老师想帮助学生打好语言基本功，但班里一些急于通过四、六级考试的学生，希望“急学先用，立竿见影”，反说教学不得法，这些都会打击教师的积极性，其结果自然是限制了教师对教学改革的信心和决心。因此，实施交际法教学，学校、教师和学生应协调解决这种矛盾。

其次，学校管理机构教学目标的定位与错位。在很多大学里，领导的观念是“只要四级考试成绩上去了，通过率提高了，就说明大学英语教学成绩显著”。很多高校将能否通过四级考试与毕业证、学位证挂起钩来，其他科目教师对大学英语教学也不大理解，把它与通过“四、六级考试”等同起来。这样一来，大学英语教学的核心似乎就是“四、六级考试”，一切教学活动都围绕这一中心展开。这在某种程度上起到了为“应试教育”推波助澜的作用，阻碍了以交际为目的学生英语运用能力的提升。

再次，现在社会上普遍对大学英语的关注仅限于四、六级考试，这在客观上限制了教师进行教学改革并实施自己的教学理想。这种观念不改变，教学改革很难进行。大学外语教学进入今天的误区，是国家教育主管部门、学校、教师和学生等诸多因素共同作用的结果，学生的整体英语水平的提高要求社会各方面的配合和支援。如果各院校能真正实行专业课的双语教学，那么在很大程度上可以减轻英语教师身上应试教育的压力，而转向培养学生的交际能力，我们的教学理想也就能变为现实了。

最后，学校现有的教学设施落后，也制约教学活动的有效开展和教学改革的实施。在电子技术飞速发展的今天，计算机、网络等越来越多地被用在教学活动中。不少教师希望用多媒体进行教学，但学校有限的资源和落后的设施无法满足教师的要求，使教学实践改革裹足不前。

四、交际教学模式改革的主要途径

基于以上的分析，我们不难看出，为了顺利进行大学英语教学改革，各级教育机构、教学环境、教师都需要做出一些调整和转变。交际教学法至少启示我们，可以从以下几方面进行改革：

(1) 各高校应在教育部新近颁发的《大学英语课程教学要求》(试行)的标准上制定出符合本校实际的校本教学大纲，实行教考分离，即建议把现行的大学英语“四、六级考试”同教学完全分离开来，学校不再组织学生参加这一考试。这样做可以变目前学校的统一行为为学生个人行为，使高校自身摆脱四、六级考试的困扰，专心致志地进行素质教育，从而真正提高学生的英语交际能力。

(2) 改革评估体系，学校的考试应本着如何提高各自学生的英语水平为出发点，将形成性评估(即过程性评估)与终结性评估相结合。前者指学生日常学习过程中的表现，从所取得的成绩以及所反映出的情感、态度、策略等方面的发展做出评价；后者指测验和期末考试。具体地说，形成性评估侧重于学生的平时课堂表现，比如是否积极发言参与讨论，课外能否完成作业以及出勤情况等，形成性评估应占整个考评的40%～45%。

(3) 确定正确的教学目标，取消课堂的各种应试教学，培养学生的自主学习能力，学生根据自己的学习情况，自主决定课后的自我复习练习，教师发挥监督和指导作用；进一步完善学分制，试设高年级的英语选修课，使大学四年英语不断线。

(4) 加强师资培训，以科研带动教学，积极探索读写课大班上课、听说课以小班进行的新模式；积极推动各专业的双语教学，试行副修英语专业，为培养“专业+外语”的复合型人才创造机会和条件。

(5) 学校要积极改善教学环境，创造条件，营造讲英语的氛围，充分发挥第二课堂的作用，调动学生学英语、讲英语的兴趣和积极性，逐步消除“哑巴英语”

现象。

(6) 对学生要正确引导，使他们明确英语学习的最终目的是交际的需要，而不是为了通过某些考试。

第三节　研究性学习教学模式

一、掌握学习与程序教学

行为系统模式在学科教学中最常用的是掌握学习。将要学习的材料由简单到复杂分成若干单元，通过合适的媒介逐步呈现给学生。根据这一模式编制的教学系统适用于各个年龄段的学生，适用于从基本技能到较复杂内容的学习。

系统的程序教学运用于课程材料而得出的标准课程。使学生根据自己的学习情况调整学习进度；使每个学生都达到真正掌握的程度，形成自动和自导学习。在学习的过程中获得解决问题的方法和能力。鼓励学生进行自我评价，由此来激发他们的学习热情。

掌握学习简单明了、前景乐观而且清晰无误。掌握学习体系建立需要一个认真发展的过程，将会直接触动许多在教师驱动式教学中出现的令人烦恼的问题。同时，还能够把教师摆在积极鼓励和帮助学生形成自尊的位置上。

二、直接教学

直接教学建立在对高效率的教师进行研究的基础上，是训练心理学家和行为主义心理学家的思想。直接教学模式在核心课程范围内的基本知识和技能教学中得到了最普遍的应用。

直接模式系统地深入教学内容，其设计意图是依靠调节进度和强化来激发和保持学习的内在动力。它还试图通过成功的体验以及积极的反馈来增强学生的自尊。

三、模拟训练学习

从理论到实践，综合了有关技能形成中的演示、练习、反馈、指导直至掌握技能。模拟在类似于真实的情境中应用的，需要创建一种接近真实生活的环境作为教学情景。学生在活动中依据模拟训练结构(表 6-2)达到模拟目标，就必须处理好这些现实因素，直到达到目标。

表 6-2　模拟训练学习结构

阶段 1：导向	提出模拟训练的主题和记分、其中应用的概念；解释模拟训练和游戏；概要介绍模拟游戏
阶段 2：参与者的培训	设置情境(规则、角色、程序、做出决定的类型、目标)；分配角色；进行简短实践
阶段 3：模拟训练操作	进行游戏活动和游戏管理；获得反馈与评价(表现和所做决定的效果)；澄清错误概念；继续模拟训练
阶段 4：总结	总结事件和感受；总结困难和看法；分析过程；把模拟情境与真实世界相比较；把模拟活动与课程内容相联系；评估并修改模拟训练程序

模拟训练模式拥有很多方面的教学作用，如概念的获取与技能的掌握，合作与竞争的协调，批判性思维的产生与决策能力的培养，政治、社会以及经济制度等方面的知识应用。

第四节　网络教学模式

利用计算机网络技术开发英语课程，拓展学习和运用英语的渠道。计算机网络技术的应用能够为英语教学提供重要的支持。

一、网络教学模式概述

(一) 网络教学模式含义

教师利用多媒体教学图、文、声、像立体化、多感官的表达效果，为学生提供内容丰富、形式多样的听力教学。教师为学生提供发音练习的教学软件，让学生去模仿发音。教师选择学生感兴趣的英语动画吸引学生，增加其对英语的学习兴趣。

为提供形式多样的情境，教师应充分运用多媒体资源。情境使抽象的语言具体化、情景化和形象化，加强学生的理解能力，培养学生英语实践和英语联想的良好习惯。信息技术的运用把枯燥的语音教学变得形象生动化，既加深了学生的记忆，又突出了教学的重点。

教师设置情景、提出问题，让学生带着问题去阅读。计算机网络技术实现了图、文、声、像并茂，启发了学生学习的兴趣，实现了语言学习与其他学科的整合。既可以使教师根据课文内容，利用计算机网络技术设计教学方式，又激发了学生阅读的兴趣。在教学中重视培养学生的英语运用能力，帮助学生正确理解课文中的语言、文化与情感信息。

计算机网络技术可以提供辅助文字的图像、视频等，来增加学生的英文表达能力。教师针对每单元所学的主题，通过网络搜索到适合学生阅读的小故事、诗歌和英语小知识等，为学生提供大量的写作素材。网络交流工具的发展，使教师和学生的交流不受课堂的局限，拓展了师生线上英语交流的机会。

（二）网络教学模式设计

网络教学设计是一种系统方法，指为了实现教学过程最优化，相关人员充分利用现代信息资源与信息技术，合理地、科学地安排教学过程的各个要素与各个环节，努力提供给学生优质的网络化支撑和学习条件。

1．网络环境下教学设计的基本原则

(1) 强调学习者的主体地位，注重对学习者能力培养。

(2) 注重学习资源的共享及可重用性，利用各种网络资源为学生学习提供便利。

(3) 创设符合教学内容要求的情境，帮助学生建构当前所学知识的意义。

(4) 全面的学习评价。对学生的评价不仅关注学习结果，也注重学习过程，不仅关注学生的习得知识，更关注能力的提升。

2．网络教学设计的基本流程

随着网络技术在教育中应用的日益广泛和深入，特别是互联网与校园网接轨后，良好的网络环境为学校教育提供了丰富的资源，这使网络教学成为现实。网络教学设计包括以下四个内容，如图 6-1 所示。通过对学习活动的设计，能够加深学生对知识的理解，让学生在活动中掌握所学的知识。

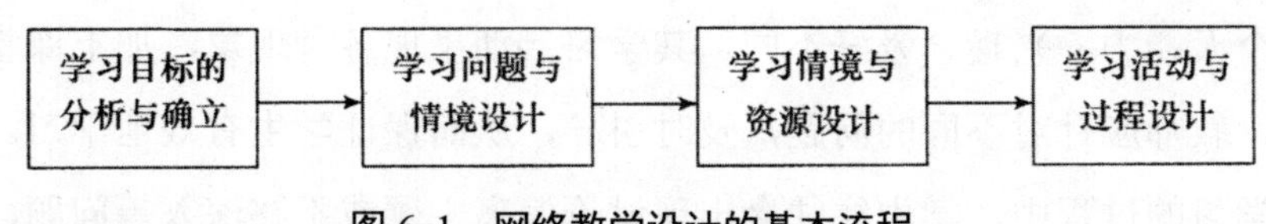

图 6-1　网络教学设计的基本流程

(三) 网络教学设计的策略

在网络环境下，教学策略必须牢固树立生本理念，充分调动学生的积极主动性；遵循学生身心发展的规律和认知学习规律，突出情感、态度、价值观的正确导向，体现工具性与人文性的基本特征；培养学生团结协作精神，促进学生高级认知能力发展；培养学生创新精神，促进其发展信息能力。由此可见，为了更好地将信息技术与学校课程融合，可以从以下几个方面考虑教学策略的确定。

1. 网络学习环境的设计

在网络环境下的教学中，一方面，教师必须根据学习者的年龄特点和认知特征，围绕所要学习的内容精心筛选、设计各种信息资源，从而降低资源的冗余度，减轻学生的认知负荷。另一方面，为了实践操练、构建知识，便于学习者协商交流，教师还应提供必要的认知工具。

2. 自主学习与协作学习的设计

网络技术为学生的自主学习和协作学习提供了便利条件。学生直接与信息技术工具、信息资源接触，他们的知识领域不拘泥于教材，而是转向丰富的信息资源，极大地拓展了知识面，提高其信息素养，培养自强、自立、自主的品质。学生可以分组研究不同问题、完成不同任务，在这个过程中，组内成员与组间成员可以发挥各自的认识特点，相互质疑，相互批判，相互帮助，相互提示进行协作学习，这些协作交流可以通过面对面的沟通或各种通信工具(如：电子公告板、网上聊天室、BBS、网络协作学习平台和 E-Mail 等)来完成，从而使学生在和同伴紧密沟通与协调合作的过程中，深刻理解和领悟所学内容，同时有利于培养学生的钻研精神、协作精神和批判精神。

3. 教师指导的设计

在网络技术与学校课程融合中，教师扮演的是促进者、帮助者与引导者。由于学生个人能力、兴趣、爱好不同，其学习活动呈现各种现象，加上课堂教学的多样性，教师应针对不同的问题，及时引导，从而保证学生有效地学习。例如，在协作学习的过程中，学生往往会出现讨论偏离主题或不够深入等问题，教师则可以从大的方面把握讨论主题，发出指令，要求学生及时提供同学间的讨论，以检测学生的互动情况，防止学生陷入无意义的争论中；教师也可以为学生提供讨论的资源或诱发学生产生讨论思路；教师还可以加入学生的讨论，为学生指点迷津，提供帮助。

4. 学习评价的设计

网络环境下，学习评价具有参与性、真实性的特点。教师评价学生的学习成效时，不仅仅是对学生成绩的检测，更重要的是评价学生解决问题的能力与参与实践活动的能力。教师可以让学生完成比较复杂的、综合性的、真实性的任务，以此来评价学生解决问题的能力与知识迁移的能力。教师也可以利用学习文件夹评价、绩效评价和电子作品评价等新型的评价方式来综合评价学生的能力。此外，学生不仅仅是被评价的对象，也是评价的主体，应该参与到对自己、对他人、对共同体的有意义的评价过程中来。

二、网络教学模式举例

本节主要介绍有效利用互联网进行教学的一些方法，并详细介绍如何一步步将互联网引入到教学中去。

（一）网站教学模式

1. 在课堂教学中使用网站

在课堂上最简单的现代技术应当就是使用网站了。网络资源不仅丰富而且会不断更新，同时还能满足不同层次的需求，覆盖的话题更是惊人的广泛。教师可以找到面向所有网络冲浪者的原创语料资源，也可以找到专门为英语学习者而编写的资源，还能找到单一语种或是多语种的网站、带有多媒体资源的网站，或只有文字的网站。

网络可以作为一扇窗户，为学生打开外部世界丰富的内容和资源，当然，其中也汇集了大量立等可用的原创材料。因此，与以前贫乏的资源相比，网络使教师和学生有了一个更大的资源库。

将互联网应用于教学对技术要求不高，因此跟复杂技术手段(比如开展实时聊天或视频会议等)相比，在使用过程中出现问题的概率大大降低。这个工具的另一个优点是并不需要一直联网，教师可以在本地机上保存网页，还可以把以后可能用到的网页打印下来。

在课堂中能够采用多种多样的方法来使用网页。

(1) 不用计算机而是作为打印材料来用。尽管打印并不一定是最便宜的手段，但对于上网不方便的地方来说也不失为一种可以替代的选择。其实很多网上的活动只需打印一两页然后去复印就可以满足教学要求了。

(2) 在只有一台计算机能上网的情况下，我们可以将它跟投影仪连接起来，甚至可以跟交互式电子白板连接在一起，这样所有学生都能看到大屏幕。当然，我们也可以把这台计算机作为辅助工具，必要的时候上网搜索或查找资料。

(3) 在计算机教室上课，而且所有计算机都能上网并相互连接。如果你能够在这种条件下上课，那么理想状况是将互联网内容融入常规教学中去。

重要的是教师和学生都必须把互联网的使用看成是学习过程的一部分，而不是与常规教学无关的偶尔的活动。如果教师打算使用互联网，应尝试引导他们去分析使用这个资源的原因。对于英语水平不高的学生来说可以用母语跟他们聊，而对于语言水平较高的学生则可以用英语来交谈这些事情。

有些学生可能对于在课堂中经常使用计算机有些反感，比如，某些学生往往只是把计算机看作是工作的一种工具而不是学习的资源。学生应该明白计算机在课堂中是非常有用、并且可以带来娱乐的一种工具，此外计算机还可以从各方面促进他们语言的发展，比如让他们有机会扩大词汇量或提高听力技能等，这很重要。语言水平比较低的班级可以使用视觉和多媒体材料或歌曲及其他录像资源。

2．通过互联网备课

下面要考虑的是利用网络技术进行教学所使用的教案和平常准备的教案在形

式上有何区别。

首先要做的当然是好好备课：要去全面了解选好的网站，确保对它的内容特别熟悉。尽量选择那些可能长期存在的网站——比如那些由大型机构和商业组织维护的网站，而不要选择个人主页，因为后者很不稳定，可能很快就消失了。

在打算让学生访问的网页上做标记——可以通过 IE 浏览器里的收藏夹功能把这些网页保存下来以便日后使用——同时确保对于该网页的内容十分熟悉，这样，当学生有问题的时候教师可以从容应对。

准备一节以网络内容为主的课(网络内容并非起辅助性作用)与准备一节传统的课堂本质上并没有区别，一节典型的基于网络的课可以分为三个部分：热身、网络和下一步。

热身部分的活动与一般的课堂一样，主要包括导入活动和激发兴趣的活动等。这部分的目的主要是让学生为接下来的网络活动部分做好准备。我们的观点是，这部分最好是在跟平常的课堂一样熟悉的环境里完成。

在网络学习部分，需要使用计算机多长时间你就花多长时间，这一点很重要。我们建议在这个阶段把学生带到计算机教室，而不是整节课都在那里上。这么做有两个好处，一是可以让更多班级的学生来利用计算机教室，另一个是可以让学生在计算机教室里的时候更加专注。另外，学生换教室时也可以走动走动，换换学习节奏。但是另一方面，从传统教室换到计算机教室也有可能会影响教学，因此，需要周到的安排。

如果学校计算机比较少，或者是教室里只有一台计算机，那么需要提前把网络材料印好。当然，有些学校要求教师每周必须带学生在计算机教室上一次或几次课。如果是这样，那么就可以对自己的教案进行比较大的调整，更大程度地发挥网络优势。

教师甚至可以把网络的使用系统地纳入教学大纲里，比如用网络资源来代替该课程里所用的部分材料，如听力材料或阅读文章等。需要注意的是，整个过程必须对学生透明，学生必须理解教师这么做的原因，更要明白这些改变的相关性和价值。为此，教师要培养学生对于课堂所用材料的评价能力，并鼓励他们讨论自己喜欢和不喜欢做的事情。教师还需记住，学生有自己喜欢的网站，这些网站的内容是否能够被用于课堂教学值得教师去思考和研究，因为这样做不但可以吸引学生，还可以把他们课外的生活、兴趣和经验与课堂学习建立联系。这也有利于他们理解现代技术在课堂中应用的价值。

还有一点需要记住的是，学生一旦坐到计算机前就很容易忘记教师的存在，更主要的是他们甚至忘记自己为什么来，教师要确保学生有一个清晰明了的任务以及一个完成该任务所需的时刻表。

一旦学生从计算机上获取了你希望他们找到的信息，你就要把他们领回教室进行下一个教学环节，即对刚才通过网络完成的任务进行总结和梳理，同时做一些较为熟悉的跟进活动来结束这节课。

“影星”就是基于以上结构的一个教案范例，教师可以把它作为自己编写教案的参考模板。需要注意的是它与传统的教材没有本质上的区别，可能这种材料的最大价值就是它能激发学生的学习兴趣：真正的明星在真正的节目里接受采访。再加上与大多数网站一样，网上材料鲜明的时代性也使该网站成为理想的教学资源。

该课对象的语言水平介于中上和高级水平之间，主要内容是关于著名影星及他们的生活和工作情况。涉及的语言功能包括：问答、信息处理以及兴趣表达等，学生还将尝试访谈技巧及如何在社交中与他人交流。

(1) 课堂热身。通过让学生谈论他们最喜爱的影星及其作品来引入主题。此时，简单的全班讨论就可以达到热身目的，不过教师要准备引导学生谈论不同的话题：最喜欢的电影，最近是否去过电影院，即将上映的影片，最佳及最糟糕的电影等。

(2) 浏览网络。让学生浏览网站内容，找出他们感兴趣的一位演员。需要注意的是，网上提供的全是采访录音，没有文字。网站上可选择的内容很丰富，所有采访都是按年来归档的。

让每位学生选一个采访去听，要求他们把主要话题记录下来，并分析采访的结构，即采访者与被采访者之间的交流是如何开始、如何展开的，可参考表 6-3。

表 6-3 采访任务

Sample task sheet
Listen to your chosen interview.
• Who was interviewed? Who was the interviewer?
• What topics were discussed?
• How did the interviewer construct the interview?
—introduction
—initial questions
—reactions to answers
—follow-up questions and comments
—contusions
• How did the interviewee react?
—getting started
—answers to questions
—additional information
—contusions
• Make a note of some of the useful interview expressions

(3) 任务总结。让每位学生汇报自己所听的内容，包括被采访者是谁以及采访的主题等。他们找到的信息有哪些？想了解而没有找到的信息有哪些？

用外语与某人展开一场对话是很难获得的技巧，请学生说说他们所听的采访中，采访者与被采访者之间是如何展开对话的。把学生提到的语言和技巧写在黑板上进行分析，了解其结构、目的等。

3．网站教学模式中的注意事项

详尽的教案设计和有计划、按步骤地将网络引入课堂可以让教师更有信心尝试不同的教学方式。

通常，网络的使用是为了给学生提供他们可能不知道或接触不到的知识和内容，或者是对传统学习材料的补充。网络的使用可以大大提高学生的学习兴趣及语言输出量，使全班同学的共同成功也就有了更大的可能。需要注意的是，特别热闹的网站(比如有很多动画、录像、录音或其他多媒体内容)并不一定是最有吸引力或最有用的。不要忽视基于文字的简单网站，它们也可能会非常适合学生。

但是，在运用网络教学时，难免会遇到问题，下面世教师需要思考的几个问题及一些临时解决对策。

(1) 使用现代教育技术，也要有一个备用方案。一旦出现网站被关闭、计算机死机或停电等状况，还能正常教学。

(2) 可以请其他教师及学生来解决技术方面的问题。有经验的教师可与新手教师组成小组一起上课，这样可以帮助他们解决偶尔出现的技术性问题，同时让他们有足够的自由去尝试利用技术进行教学。请有技术特长的学生帮忙既可以减轻教学压力，也可以让他们为班级做出贡献。

(3) 除了类似于让学生通过电子邮件与学友进行交流，还可以尝试两三人一组 (两人最好)，进行模拟对话与口语训练。两人活动和小组活动鼓励学生进行口头交流，从而打破采用技术的课堂常常会出现的“计算机成了障碍”的问题。如果教室里只有一台计算机，那么可以以小组为单位轮流上机，不上机的小组可以去做其他活动，比如准备海报或写作文等。

(4) 教师和学生所看到的所有内容并非都适合学生学习。互联网的妙处就在于它可以为无数不同兴趣及不同品位的人提供不同的材料，从而满足不同需求。也正因如此，在浏览网页的时候也会遇到无法确定的内容，学生也一样。一般而言，教师可以引领学生就“什么样的内容是健康的”这一话题展开讨论，这样就足以让学生自觉地抵制诱惑，不去浏览内容不好的网站。但是，如果教师所工作的地方对网络的管理很严格，那么就需要采取一些必要措施，比如安装过滤软件。

(二) 在线参考工具教学模式

在线参考工具如在线词典、在线翻译工具在英语教学中发挥着重要的作用，教师可以及时借助在线工具辅助教学。

1．字典

无论学生是用双解、英汉还是英英字典，无论是纸质的还是电子字典，相比十年前，现在可挑选的字典的种类多得多。

当然，也有学生带来掌上电子字典，字典有翻译功能和单词发音功能；另外，学生还会带一本口袋大小的双解字典。但是这种掌上电子字典的内容常常是不准确的，如果可以的话，应该给学生推荐几款比较好的。

其实，几款主要的学生用英英字典都带光盘，这些光盘通常有以下所有或其中一些功能。

(1) 可搜索(不是按字母顺序排列的)。

(2) 单词发音，通常有英英和美英两种发音方式。

(3) 游戏和练习。

(4) 典型错误揭示。

(5) 可以做书签，可以个性化。

(6) 同义 / 反义词典功能。

(7) 基于语料库的频次信息。

有些甚至可以安装在计算机上，点击常用的文字处理程序或网上的生词时，可以自动给出恰当的字典释义。此外，网上也有一些免费的电子字典，不过功能有限，比如给出释义但没有发音功能。

显然，这些电子字典对于学生自学和课堂教学都是极为有用的资源。上课时，可以始终打开字典，以方便查阅单词的释义，如果能将计算机与投影仪或交互式电子白板相连，那你可以将字典的使用巧妙地纳入日常教学当中，也可以更有效地开展字典使用培训环节。

下面对同义 / 反义词典做一简要介绍。

虽然电子字典适用于各个层次的学生，但要记住，同义 / 反义词典一般适用于中级和高级水平的学生，而不适用于初级水平的学生，因为他们会遇到很多生词。对于高水平的学生来说，同义 / 反义词典可以帮助他们丰富和扩大词汇量，而对于低水平的学生而言，同义 / 反义词典所提供的语言太过丰富，容易让他们无所适从，也无法直接使用。

当他们明白如何使用同义 / 反义词典后，让他们回去读一读自己的作文，看看自己用得过于频繁的单词和短语，然后鼓励他们利用同义 / 反义词典找到一些可以替代的语言，从而使自己的写作更有趣，也更丰富多彩。这种对语言的精雕细琢在备考阶段尤为有用，因为如果拥有个人特色的写作风格，学生就可以从无数考生当中脱颖而出。

2. 语料检索系统与语料库

语料检索系统与搜索引擎有很多相似之处，它其实就是一种小程序，能从大量语言材料中检索出某些单词或短语的使用方式。语料检索系统通常被认为是语言研究者的专属领域，或者是语法参考书和语言学领域大部头专著作者使用的工具。它们也的确主要用于这些方面。

语料检索系统需要用到一个程序和一个语料库，也可以是一大篇需要分析的文字。语料库里包含各种资源：有从报纸杂志上搜集的书面语言，也有从收音机和电视节目或从街头录下的口头语言。语料库中的文字都是做了标签的，也就是说每个单词都有详尽的描述，包括它所在的位置，它与句子中其他单词的关系，它出现的频率，等等。通过语料检索系统检索语料库中的某个单词的用法，就会看到一些排列好的句子，检索词在屏幕的中间，每个句子的两边都留出足够多的单词帮你理解该句的意思。

在使用语料检索系统时，可以选择下载并安装程序和一些语料库在自己的计算机上，或者也可以使用在线语料库。通常，语料检索程序是需要付费的，但网站却是免费的。

(1) 语料库。在选择语料检索系统时，除了价格和软件操作的难易程度，主要评价标准还包括教师需要的语言类型：口语还是书面语，美语还是英语，法律用语还是新闻用语等等。根据需要选择相应的语料库，不同的选择所能得到的结果也不同。

(2) 在课堂中的使用。教师不禁要问，到底该如何把这些数据用于教学呢？它是否仅仅适用于水平比较高的学生呢？第二个问题的答案肯定是“不”。那些例句完全可以给初级水平的学生看，让他们思考并讨论这两个词的用法。第一个问题需要稍微长一些的篇幅来回答。

可以根据语料库来出测试题或模拟题，比如完形填空。对于高级水平的学生来说，语料库在教学中可以作为一个非常有用的参考工具，在学习比较复杂的语言时可以利用它。比如，“glisten 和 glitter 的区别是什么？”平行语料检索系统可以比较两种或多种语言的用法，可以用它来探索语言结构在母语和外语中有什么异同。

可以把检索结果中的目标词去掉，让学生填出来。虽然这个过程看起来很简单，但在做的时候往往比想象的难得多，而且只适用于高级水平的学生。确保所选例句逻辑关系足够清晰，这样学生才能把句子补充完整。

虽然语料检索的确很有用，但是它也会给课堂秩序带来混乱。由于学生对有些语言现象不熟悉，他们的注意力就会受到干扰或转移，也就容易脱离本节课的主要教学目标。

像这样能给学生带来大量丰富的语言材料的工具在使用时需谨慎，如果这种发现的过程有助于学生更好地理解当时正在讲授的内容，那么在充分思考之后再去用它。此外，需要对检索结果做一些处理，以 word 文档的方式呈现给学生，而不要让学生直接到检索系统中去查看。即便在只有一台计算机的教室，语料检索系统也是一个得力的好帮手。

无论采用什么方式，为确保语料库适用于教师所教的内容，使用前最好事先测试一下检索结果，以免对学生可能检索到的内容一无所知。除此之外，还要确保学生在使用这个工具时没有什么压力，让他们自由地去观察检索出的结果而不要让检索过程干扰他们的注意力。

3．用于语言分析的翻译软件

翻译软件现在并不成熟，很多时候它的翻译质量让人不敢恭维。但是，还是应当了解翻译软件，它的在线翻译速度很快，但它也只能准确翻译出单个的单词或非常简单的短语，而大段的长句子则常有贻误。

下面这个例子中(表 6-4)，回译的英语并不完美，即把一篇文章从 A 语言翻译成 B 语言，再从 B 语言翻译回 A 语言。只将西班牙语翻译成英语，还是可以让人明白。

表 6-4 回译

这篇文章由在线翻译程序从英文翻译成西班牙语，然后再把它翻译回英文。可以看到，这个翻译并不完美。两个人一组，试着把原来的英文写出来。
Translation back into English
Hi! My name Gerard Hunt and I am English professor and technologist. Alive and work in Caracas，Venezuela，and I have here been by 17 years. Work with two colleagues，and we specialized in line in the education. Caracas is a great place and really joy living here. There is abundance to do——the museums，the stores，the cinemas and the galleries of art and the food and the wine are great!
Original text
Hi! My name is Gerard Hunt and I am an English teacher and technologist. I live and work in Caracas，Venezuela，and I've been here for 17 years. I work with two colleagues，and we specialise in online education. Caracas is a great place and l really enjoy living here. There's plenty to do——museums，shops，cinemas and art galleries and the food and wine are great!

博客、维基和播客都属于社交软件或计算机工具，这些软件让人们实现了在线的联系、交流与合作。博客(blog)本质上就是网络日记，blog 是 weblog 的缩写。维基(wiki)实际上是一个合作性的网络空间，它的内容可以由任何访客进行编辑。播客(pod cast)是通过网络传播的一段音频或视频文件，人们可以把它下载到本地机或类似 MP3 这样的移动装置里去收听 / 观看。虽然这三个工具是不同的，但是在课堂教学应用中，它们有共同的特点。

(三) 英语语言教学中的博客和播客模式

1. 博客

最常见的博客是个人博客，人们会在属于自己的网页上定期发表评论、随想、分析、日常生活点滴、有趣的链接、笑话或其他内容。博客可以只有文字，也可以附上图片或照片，甚至可以有音频和视频。

大多数博客都允许读者对博客内容发表评论，这样大家可以创造一个网络社区，对一个共同的话题、兴趣或人展开交流。因此，博客也被称为社交软件，人们通过博客相互认识，相互交流，建立联系。有的博客还提供博客链接，即博主喜欢的其他博客的链接地址，这样，博客群可以不断扩大。

教师、学生或班级都可以设立和使用教育博客。教师可以利用博客给学生提供时事新闻和评论、额外阅读作业或家庭作业、网络资源链接、为缺课同学提供的课堂教学总结以及学习指导，等等。这样，学生可以在课外浏览博客内容并留言。由教师设立并维护的博客叫教师博客(tutorblog)。教师可以允许学生在博客中留言。

教师可以鼓励学生开设并维护自己的个人博客，即学生博客(studentblog)。教师可以要求学生每周更新博客一两次或根据情况提出合理的要求。内容可以是多样的，从对时事的点评到日常生活的描述都可以。同学或其他班的学生甚至是其他国家的学生都可以去学生博客留言。

第三种博客是班级博客，也就是全班一起使用的博客。同样，这个博客也可以用来对一些话题、课堂活动或教师认为有趣或与学生相关的议题发表看法。在班级博客中，所有学生都在同一个博客中发言。

下面列举了一些可以在教学中使用博客的方式(表 6-5)。所有这些博客都可以包含照片，这些照片可以是学生自己拍的，也可以是从免费照片分享网或剪贴图库中下载的。

表 6-5　教学中使用博客的方式

教师博客	学生博客	班级博客
·布置家庭作业	·个人和家庭信息(包括照片)	·对一部电影、一篇文章、班级关注的焦点话题、时事等发表的评论
·提供课堂教学内容小结	·与课堂学习内容相关的额外写作练习	·学生们喜欢／不喜欢的班级活动
·提供额外阅读／听力材料的网址链接	·对时事的定期点评	·任何主题的班级项目
·问与答(比如关于语法的或课堂学习内容的)	·对某一话题的研究及信息(比如关于一个以英语为母语的国家的信息)	
·测试／学习指导	·关于学生的国家、上次度假或家乡的照片展	

显然，在课堂中使用博客有很多好处。它们让学生有在现实生活中练习书面英语的机会，如果是用于国际交流活动中，它们还可以使学生有机会跟全世界其他国家的学生建立联系。即使学生博客或班级博客没有跟其他国家的学生形成共

享群，博客也是在网络上的开放空间，理论上说任何人都可以看得到，只不过只有被邀请的读者才有权限在博客上留言。

在建立学生博客或班级博客时，教师需要考虑的一个事情是纠错问题，即教师可以为学生的作品提供多少帮助。由于博客是对大众开放的，学生总是希望自己写出来的东西尽量准确，因此，在学生把作品贴到博客里之前，教师需要给学生足够的时间进行写作、回看、修改、检查等工作。教师可以让学生在文字处理程序里先写好博客，然后鼓励两人一组进行互评，这样也可以帮助学生写出准确度较高的文章。

教师还需要考虑如何评价的问题。鉴于学生博客和班级博客主要是书面作业，博文也是可以用来作为成绩评定的一个方面的。如果教师打算把博文作为书面作业的一部分纳入成绩评定，那么评价标准需要事先跟学生说清楚。评价标准中可以包括用来评价传统书面作业的一些内容，比如准确度、流利度、连贯性和相关性等，但也可以包括一些用来评价电子媒体的标准，比如视觉材料使用是否有效，总的视觉感受，博文的长度和对读者的关注度等。

2．语言教学中的播客

与播客最接近的词是广播或电视节目，所不同的是你任何时候想听或想看你喜欢的节目都可以在播客上实现。你可以通过 RSS(播客下载软件)将播客自动下载到计算机上。一般来说，播客的节目可以是定期或不定期发布的，比如每天或一周一次。播客的内容可以涉及任何话题，也可以配上音乐和录像。视频播客也被称为 Vodcasts 或 PodClips。播客的长度不等，可以是几分钟，也可以长达一小时或更长。播客的内容可以是原创的，也可以是为语言学习者特别制作的。

播客在教学中主要有两大用途。首先是学生可以听或看别人制作的播客，其次是他们可以制作自己的播客。在高等教育领域这已经越来越普遍了，比如教师会把自己的讲课内容录下来制作成播客放到网上，这样缺课的学生就可以把讲课内容下载到计算机或如 MP3 这样的移动设备上自学。有时这种做法被称为课程播客，教师们可能会把录好的标准讲课内容录像放到网上，也可能会定期给学生录制新的播客。播客还可以用于教师培训，受训教师可以观看教学方法播客。

教语言的教师可以引导学生去网上寻找已有的播客进行自学，或在课堂上通过计算机让学生收听。教师既可以使用专门为 EFL 或 ESL 学生制作的播客(如在 Englishcaster 指南中找到的资源)，也可以使用原创的播客。教师还可以鼓励学生找到自己感兴趣的播客，在课余时间定期收听。

EFL 或 ESL 播客有适合不同语言水平学生的内容，所涵盖的话题也很丰富，从词汇学习到话题讨论、笑话以及歌曲学唱。对于语言水平较高的学生来说，可以鼓励他们去定期收听原创播。

更具挑战性也更有益的做法是让学生制作自己的播客。学生播客可以是一次性的，做完后就保存在网上；也可以是定期的，即学生就不同话题制作一系列播客，类似于广播节目。

三、网络技术在英语课程中的实际应用

我们通过对以下几个案例进行分析，可以让我们更好地理解计算机网络技术在英语课程中的运用。

(一) 案例一：Learn the Color

教学目标见表 6-6、表 6-7，多媒体网络资源的运用见表 6-8。

表 6-6　知识目标

课题	知识点	教学目标			
		识记	理解	分析综合	应用
Learn the Color	New words： Red，yellow，orange，green，purple	√	√	√	
	Sentences： I have a bad．It’s red.		√	√	√
	Stories		√	√	√

表 6-7　具体目标

知识点	教学目标	描述语句
New words	识记，理解，分析综合	认读单词，理解词义
Sentences	理解，分析综合，应用	准确地听、说、读句子
Stories	理解，分析综合，应用	创设情境，灵活运用，拓展学习，会话表演

表 6-8　多媒体网络资源运用表

知识点	学习水平	媒体形式	媒体内容要点	媒体运用	使用方式
Words	识记，理解，分析综合	图片，文本，音频	有趣的图片，已学单词	激发兴趣	热键播放
Sentences	理解，分析综合，应用	Flash动画，音频，文本	有趣的Flash动画片断，新句型	整体感知	热键播放
		图片，文本，音频	新单词、新句型	理解词义，熟读句型	热键播放
Stories	理解，分析综合，应用	Flash动画，音频，文本	Flash故事动画*Little Gird and Seven Clouds*	提供网络阅读资源为学生自编自演英语小故事	热键播放

（二）案例二："Our Big Family" 教学

1．教学目标

学生掌握课本中有关用英语介绍地理位置、介绍自己的假期计划、食物和饮料类及家族谱和人物描述的知识，围绕专题，利用网络资源进行拓展性的学习。培养学生爱家乡、爱祖国的情操；培养学生利用网络进行自主探索、协作学习的能力；培养学生综合运用英语进行交际的能力。

2．教学模式

注重任务驱动式教学，突出语言的实践性、交际性、真实性和实用性；注重信息技术与英语课堂的优化整合；注重培养学生的协作学习能力和信息素养；通过网络，加强校际之间的交流，共同发展，共同提高，具体如图 6-2 所示。

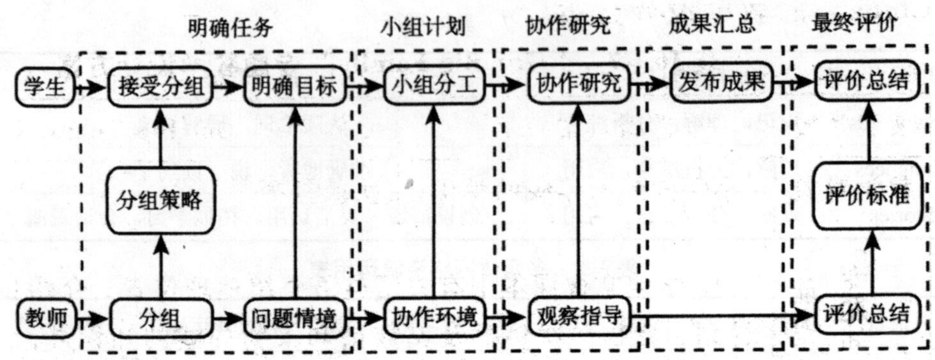

图 6-2　教学模式示意

3．教学评价

(1) 课堂活动问卷。课内对话交流、角色表演、课堂上游戏、课堂下联系。

(2) 思维技能测试。课外自编对话、英语小作文、英语小话剧。

(3) 专题练习。课内情景对话、看图编演故事或对话、相关资源搜集制作幻灯片、填协调查表。

(4) 专题测试。课内听力测试、笔头测试、口头交际。

(5) 专题作品。课内或课外电子板报、PPT 文稿、网页设计。

第五节　课外教学模式

课外教学是课堂教学的延伸，为学生更好地接触和使用英语提供了更为广阔的天地，有助于培养学生的语言学习兴趣。

教师可以采取以下方法来实施课外教学。

一、英语电影欣赏

利用生动直观的学习方法，对于学生语言能力的提升提供了环境与氛围，使大脑对接收到的语言信息的印象和理解更加深刻。而英语影片中鲜明的画面、剧情、人物、音乐以及语言，可以激发学生学习英语的热情和兴趣。

(一)观赏英语电影的重要意义

英语电影的欣赏是一个有效的教学方式，教师可以充分利用英语电影，让学生在学习和成长中收到意想不到的效果，为学生英语交际能力的提高打下坚实的基础。

1. 帮助学生掌握英语词汇的表达方法

在观看电影过程中，将影片中人物、场景、语言等信息与平时所学结合，植入语言的实际交流中，为学生创造真实的语言学习环境。对英语学习常用词汇正确表达方式的掌握，可以学生提高实际运用语言的能力，增强语言综合运用意识。

2. 锻炼学生交际能力

在准确把握和使用英语的同时，要了解与英语相关的文化背景知识，并运用到现实的交际环境中。语言是文化的载体，而电影则丰富了文化载体。在英语电影中涉及的社交礼仪、风土人情、政治历史等，全方位、直观地展现了使用英语国家的文化。

3. 学生发散性思维的培养

教师在利用英语电影教学中，要关注学生发散性思维的培养，应鼓励和引导学生进程反思和质疑，可以让学生改编剧本的具体章节和情节片段。使学生接收到丰富直观的语言信息，掌握表达方式，在不同文化的语境中提升思考问题和创作的能力。

4. 激发学生学习英语的兴趣

观看英语影片激发学生学习英语的兴趣，让影片中唯美的画面、音乐、剧情发展，给学生带来精神上的愉悦体验，让他们在享受到感官被迅速调动起来的快感的同时，自觉接受影片带来的大量信息，最大限度地提高学习与模仿的兴趣。

(二)看电影学英语要掌握的原则

一是，选择适合英语学习的电影，也就是择片原则。

二是，不选择内容高深莫测的电影，即简单原则。

三是，将影片中精彩片段背诵下来的背诵原则。

四是，反复观看影片，直到完全看懂、听懂的重复原则。

五是，在电影中分析其精华学习，也同时泛看些自己喜欢的电影，这就是精泛结合原则。

六是，可以模仿经典电影中对白的模仿原则。

七是，在短时间内突破的突击原则。

八是，选择演员发音标准的电影，可以让学生模仿出准确的语音。

（三）学生观赏英语电影的引导

如何引导学生进行英语电影观赏，让学生在玩的过程中模仿英语，是教师需要考虑的问题。一部优秀的电影可以让学生获益良多，如表 6-9 中所提及的优秀电影名称以及一些电影常用到的词汇集锦。

表 6-9　电影名称及常用词汇

推荐电影名录	1.《鲨鱼故事》	2.《霍顿与无名氏》
	3.《冲浪企鹅》	4.《冰河世纪 I —III》
	5.《海底总动员》	6.《小鹿斑比》
	7.《快乐的大脚》	8.《酷狗马马杜》
	9.《狐狸爸爸》	10.《狐狸与猎狗》
	11.《人猿泰山》	12.《玩具总动员》
	13.《小美人鱼》	14.《美女与野兽》
	15.《别惹蚂蚁》	16.《芭比之十二芭蕾舞公主》
	17.《芭比娃娃与飞马魔法》	18.《芭比公主之钻石城堡》
	19.《芭比与魔幻飞马之旅》	20.《芭比彩虹仙子之魔法彩虹》
	21.《芭比之花仙子》	22.《芭比之时尚童话》
	23.《芭比之时尚童话 / 芭比之时尚奇迹》	
	24.《芭比之美人鱼历险记》	25.《四眼天鸡》
	26.《恐龙》	27.《怪物史莱克》
	28.《埃及王子》	29.《白雪公主和七个小矮人》

续表

<table>
<tr><td>推荐电影名录</td><td colspan="3">30.《机器人总动员》 31.《阿拉丁神灯》
32.《小鸡快跑》 33.《仙履奇缘1：灰姑娘》
34.《仙履奇缘2：美梦成真》 35.《仙履奇缘3：时间魔法》
36.《101斑点狗》 37.《小马王》
其他：
1.《华尔街》 2.《拜金一族》
3.《颠倒乾坤》 4.《锅炉房》
5.《硅谷传奇》 6.《可口可乐小子》
7.《发达之路》 8.《优势合作》
9.《巴塞罗那》 10.《阿甘正传》
11.《当幸福来敲门》 12.《肖申克的救赎》</td></tr>
<tr><td>电影常用词汇</td><td>起居类相关词汇</td><td>卧室</td><td>blanket 毛毯 feather quilt 羽绒被
cushion 垫子 cotton quilt 棉被
quilt 被子 bedding 床上用品
mosquito net 蚊帐
sofa bed 沙发床 pillow 枕头
bedspread 床罩 pillow case 枕套
sheet 床单 tick 褥子
mat 席子 carpet 地毯</td></tr>
<tr><td rowspan="3">电影常用词汇</td><td rowspan="3">起居类相关词汇</td><td>厨房</td><td>refrigerator 冰箱 apron 围裙
automatic rice cooker 电饭锅
tableware 餐具 steamer 蒸锅
plate 盘子 oven 烤箱
dish 碟子 grill 烧烤架
bowl 碗 toaster 烤面包机
cupboard 碗橱 egg beater 打蛋器
dining table 餐桌 paper towel 纸巾</td></tr>
<tr><td>卫生间</td><td>bathroom 浴室，厕所
urinal 小便池 flush toilet 抽水马桶
toilet paper / tissue 卫生纸
drainage 排水道 toilet brush 马桶刷
toilet seat 马桶坐圈</td></tr>
<tr><td>浴室</td><td>bathtub 浴缸 bath towel 浴巾
hand shower 手握式淋浴器
soap stand 肥皂盒 shower nozzle 喷头
comb 梳子 soap 肥皂
tap faucet 水龙头
plastic curtain 防水浴帘
shampoo 洗发露 shower cap 浴帽
conditioner 护发素</td></tr>
</table>

续表

<table>
<tr><td rowspan="5">电影常用词汇</td><td rowspan="2">起居类相关词汇</td><td>浴室</td><td>bath slipper 洗澡用拖鞋
dryer 吹风机 bath mat 防滑垫
razor 刮胡刀
towel hanger / holder 毛巾架
toothpaste 牙膏 towel ring 毛巾环
toothbrush 牙刷</td></tr>
<tr><td>桌椅</td><td>tea table 茶几 corridor 走廊
coffee table 咖啡台 elevator 升降电梯
smoking set 烟具 folding chair 折叠椅
ashtray 烟灰缸
thermos bottle / vacuuming bottle 热水瓶</td></tr>
<tr><td rowspan="2">起居类相关词汇</td><td>柜子、架子</td><td>wardrobe 衣柜 hook rack 挂钩架
hook 钩子 TV bench 电视柜
shoe cabinet / storage 鞋柜
bookcase 书架 wall cabinet 壁橱</td></tr>
<tr><td>电器</td><td>pail 洗衣桶 radiator 暖气片
ironing board 烫衣板
electric fan 电扇
steam and dry iron 蒸汽电熨斗
desk / table lamp 台灯
electric iron 电熨斗
wall light 壁灯
laundry drier 烘干机
flashlight / eletric torch 手电筒
washing machine 洗衣机</td></tr>
<tr><td>旅游相关词汇</td><td colspan="2">room rate 房价
baggage receipt 行李收据
standard rate 标准价
trolley 手推车
advance deposit 定金
travelling bag 旅行袋
reservation 订房间
shoulder bag 背包
registration 登记
trunk 大衣箱 porter 行李员
suitcase 小提箱
luggage / baggage 行李
international flight 国际航班
registered / checked luggage 托运行李
domestic flight 国内航班
flight number 航班号
baggage elevator 行李电梯
airport 机场
international terminal 国际航班
domestic terminal 国内航班候机楼</td></tr>
</table>

续表

<table>
<tr><td rowspan="2">电影常用词汇</td><td>学科相关词汇</td><td>Chinese 语文 Philosophy 哲学
English 英语 Engineering 工程学
Japanese 日语 Medicine 医学
Mathematics 数学
Social science 社会科学
Science 理科 Agriculture 农学
Gymnastics 体育 Astronomy 天文学
History 历史 Economics 经济学
Algebra 代数 Politics 政治学
Geometry 几何 Accounting 会计学
Geography 地理
Law / Jurisprudence 法学
Biology 生物 Banking 银行学
Chemistry 化学 Finance 财政学
Biochemistry 生物化学
Journalism 新闻学 Physics 物理
Architecture 建筑学
Physical geography 地球物理
Accounting and statistics 会计与统计
Literature 文学 Sociology 社会学
Business administration 工商管理
Linguistics 语言学 Library 图书馆学
Psycology 心理学 Diplomacy 外交</td></tr>
<tr><td>世界著名旅游胜地相关词汇</td><td>Asia 亚洲
Angkor Wat，Cambodia 柬埔寨吴哥窟
the Himalayas 喜马拉雅山
Great Wall，China 中国长城
Bali，Indonesia 印度尼西亚巴厘岛
Forbidden City，Beijing，China 北京故宫
Borobudur，Indonesia 印度尼西亚婆罗浮屠
Mount Fuji，Japan 日本富士山
Sentosa，Singapore 新加坡圣淘沙
Taj Mahal，India 印度泰姬陵</td></tr>
</table>

续表

电影常用词汇	世界著名旅游胜地相关词汇	Africa 非洲 Pyramids，Egypt 埃及金字塔 Hyde Park，England 英国海德公园 the Nile，Egypt 埃及尼罗河 London Tower Bridge，England 伦敦塔桥 Oceania 大洋洲 Great Barrier Reef 大堡礁 Westminster Abbey，England 威斯敏斯特大教堂 Sydney Opera House，Australia 悉尼歌剧院 The Mediterranean 地中海 Europe 欧洲 The Americas 美洲 Notre Dame de Paris，France 法国巴黎圣母院 Niagara Falls，New York State，USA 美国尼亚加拉大瀑布 Effid Tower，France 法国埃菲尔铁塔 Yellowstone National Park，USA 美国黄石国家公园 Arch of Triumph，France 法国凯旋门 Statue of Liberty，New York City，USA 美国纽约自由女神像 Elysee Palace，France 法国爱丽舍宫 Louvre，France 法国罗浮宫 Times Square，New York City，USA 美国纽约时代广场 Leaning Tower of Pisa，Italy 意大利比萨斜塔 The White House，Washington D．C.，USA 美国华盛顿白宫 Venice，Italy 意大利威尼斯 Central Park，New York City，USA 美国纽约中央公园 Parthenon，Greece 希腊巴台农神庙 Red Square in Moscow，Russia 莫斯科红场 Metropolitan Museum of Art，New York City，USA 纽约大都会艺术博物馆 Big Ben in London，England 英国伦敦大笨钟 Buckingham Palace，England 白金汉宫

续表

电影常用词汇	教育相关词汇	register / enrol 登记、报到 required course 必修课 opening ceremony 开学典礼 Optional / selective course 选修课 lecture 报告 kindergarten 幼儿园 elementary education 初等教育 degree 学位 bachelor 学士 secondary education 中等教育 higher education 高等教育 master 硕士 expert 专家 adult education 成人教育 Doctor of Philosophy 博士 nursery school 托儿所 primary / elementary school 小学 consultant 顾问 secondary school 中学 coordinator 班主任 / 协调人 junior high school 初中 professor 教授 lecturer 讲师 senior high school 高中 associate professor 副教授 attached middle school 附中 technical school 技校 adviser / mentor 导师 undergraduate 本科 counselor 辅导老师 assistantship 助学金 course arrangement 课程安排 scholarship 奖学金 application form 申请表 room and board 食宿 school of Arts and Sciences 文理学院 auditorium 礼堂

续表

电影常用词汇	教育相关词汇	credit system 学分制 project 学生独立钻研的课外课题 mark / score / grade 分数 schedule=school timetable 课程表 presentation 针对某一专题发表的演讲 individual study 自习 English evening 英语晚会 paper / thesis / dissertation 论文 after-school activities 课外活动 letter of recommendation 推荐信 social investigation 社会调查 journal 周记 Graduation eerernony eornmeneem-office hour 教授与学生面谈时间 ent 毕业典礼　culture 文化 diploma=graduation certificate 毕业证书 primary education 初等教育 secondary education 中等教育 tuition 学费 report card 成绩单 higher education 高等教育 the three R'S 读、写、算 diploma 毕业证　school year 学年 term / trimester 学季 pupil 小学生 semester 学期　student 大学生 school day 教学日　schoolboy 男生 school holidays 假期　schoolgirl 女生 curriculum 课程　auditor 旁听生 subject 学科　swot / grind 用功的学生 discipline 纪律　old boy 老生 timetable 课程表　class / lesson 课 grant / scholarship / fellowship 奖学金 homework 家庭作业 holder of a grant / scholar / fellow　奖学金获得者

续表

电影常用词汇	教育相关词汇	exercise 练习 dictation 听写 school uniform 校服 spelling mistake 拼写错误 teachirlg staff 教育工作者(总称) (short)course 短训班 professor 教授 seminar 研讨班 associate professor 副教授 playtime / break 课间，休息 lecturer 讲师　advisor / mentor 导师 to play truant / to play hooky 逃学，旷课 conselor 辅导老师 course(of study)课程 course arrangement 课程安排 student body 学生(总称) application form 申请表 classmate / schoolmate 同学 paper / thesis 论文
	饮料相关词汇	mineral water 矿泉水 champagne 香槟酒 orange juice 桔子原汁 cocktail 鸡尾酒 lemon juice 柠檬原汁 whisky 威士忌 beer 啤酒　brandy 白兰地 white wine 白葡萄酒 red wine 红葡萄酒 soda water 苏打水

二、英语戏剧表演

英语戏剧可以激发学生的学习潜能，提高跨文化交际能力。在英语教学中，教师一般会以英语语法教学为主，改变教学模式，有意识地引导学生实际交际中英语知识的运用。而英语戏剧表演开发了学生的潜能，使他们在听、说、读、写、译等方面得到了充分的锻炼。所以，英语戏剧表演有利于学生的英语学习，同时教师通过为学生创造戏剧表演的情境，可以更好地与学生进行交流沟通，了解他们的需求。

(一) 戏剧表演的重要意义

一是，改变了传统的教学模式，凸显了学生的主体地位。在传统的课堂教学上，教师常常是课堂的主宰，只是不断地向学生灌输知识，抹杀了学生在课堂中的主体地位，特别是语言技能的运用方面。然而英语戏剧表演的引用，为学生提供了充分的学习时间和空间，让他们积极主动地参与到英语学习中，不断地品尝表演成功的喜悦，从而提高英语的交际能力和英文素养。

二是，拓宽了文化视角，丰富了文化知识。学生通过戏剧表演的方式与课文内容结合，同时也学习国外的历史文化。在按照剧本情节的表演中，体验到了外国习俗礼仪和言语行为方式等特点，让学生能够更直观、更生动、更具体地感受和了解中西方文化的差异。

三是，突出创新精神，突破语言的局限。学生是一个富有创造力，也最敢于创新的群体。戏剧表演可使学生突破语言层面的局限，既培养了他们的创新精神，又帮助开发了他们的潜能，增强了他们思维的灵活性。

(二) 学生戏剧表演的引导

对于学生戏剧表演的引导工作，是教师必须深思的一个问题。首先，按照学生掌握英语的程度进行分组，分成实力相当的小组。其次，各小组确定主题进入实际操练阶段：

第一步，准备工作，学生研读选定的片段，利用网络和图书资料补充相关材料并相互间交流结果。教师在此期间，要对学生不完备的地方加以补充，但要以学生活动为主。在进行这一步时，可以培养学生的自主学习能力、搜集和处理信息的能力、相互交流和探究问题的能力。研读结束后，学生将收集的资料改编成戏剧剧本，并根据剧本进行排练。

第二步，开始表演，每组的表演形式各异，重点在于体现出表演水平。

另外，教师可以鼓励学生自己编剧本。如教师提供一个故事情景，让学生在这个基础上，进行分组创作剧本，并在课堂上表演。

三、英语演讲

英语演讲能够极大地提高学生的口语能力、组织能力，还能增强学生的自信心。在西方学校，Public Speaking(公众演讲)课程已成为一门必修课。例如美国有95.3％的中学都设有英语公众演讲教育课。因此，在我国的英语教学中，教师也应该注重培养学生的英语演讲能力。

（一）坚持英语演讲

在课堂教学中，进行英语演讲训练是提高学生听、说、写能力的有效方法，但许多教师往往是“虎头蛇尾”，无法坚持下去。英语演讲能力包括演讲者不重复或不停顿、快速地表达思想的流利性与发音、用词造句与思想内容前后一致的准确性。因此，既要克服胆怯的心理，也要修正那些不当的英语习惯表达方法。

教师只有做到以下几点，才可能让学生在口语表达方面做到流利与准确。

一是，发音标准，知识储备丰富，表达思想富有逻辑性。二是，开展形式多样的口语活动，创造语言环境。教材作为学生学习英语语言技能的原材料，起着指导的作用。三是，引导学生多读、多写、多译。

（二）引导学生进行英语演讲

1．进行动员

教师要让学生明白开展英语演讲活动的目的和意义，引导学生观赏获奖的演讲视频等，激发他们对演讲的热情。

2．演讲训练

第一步，教师指定题目、内容以及与此相关的关键词汇，让学生自己准备，之后轮流演讲。期间教师要特别注意和鼓励胆怯的学生，让他们能够鼓起勇气尝试演讲，告诉他们重要的是参与，表达是否流利与准确并不重要。第二步，训练学生的流利度。让学生听名人演讲，进行模仿。第三步，即兴演讲。

3．采取针对性措施

一是，鼓励胆小与沉默不语的学生。对这类学生，在演讲训练中，教师应让他(她)们担任评委的角色，评述或复述演讲者优美的词句，不论这些学生表达如何，教师都应予以肯定和鼓励。

二是，激励鞭策胆大的学生。在演讲训练中，虽然有些学生口若悬河，却没有几句准确的句子。对于这类学生，教师应肯定其优点，再指出其缺点进行引导。

四、英文歌曲听唱

让学生听喜欢的英文歌曲有助于培养学生良好的听力、正确的语音语调以及富有情感的表现力。

(一) 英文歌曲对英语学习者的帮助

1. 对语感的培养

通过听英文歌曲培养学生的语感，可以提高学生交流的速度和质量。经常处英文歌曲创造的英语环境中的学生，使大脑潜移默化地接受语感的训练。因此，教师要把英文歌曲运用到教学中，强化学生的语感。例如口语课上，组织学生用独唱或合唱的方式进行歌唱表演，提升语感；听力课上，以抢答歌词的竞赛形式，加深对词汇的记忆；写作课上，采用填写歌词等形式，进一步加深词汇的记忆。

许多英文流行音乐的歌词是汇集了大量地道的口语词汇，以及标准的发音的，对学生学习英语有着重要的作用。

例如：wanna=want to

gonna=going to

ain’t=am not or are not

2. 对发音的帮助

在英语歌词中，一些连读、弱读、略读、重读反复地出现，这就要求学生注意发音的变化，可以帮学生练习发音、语调和节奏。例如，歌词：

It takes a lot to know what is love

It’s not the big things，but the little things that can mean enough

A lot of prayers to get me through

And there is never a day that passes by I don’t think of you

You were always there for me pushing me and guiding me always to succeed

You showed me

when l was young just how to grow

You showed me

……

这首歌的歌词像一首抒情诗，歌手唱得舒缓流畅，其发音标准，易模仿，对学生地道口语的培养有很大的帮助。

3．扩大词汇量，提升能力

单词的记忆是枯燥乏味的，而用歌曲的形式去记忆，可以获得较好的教学效果。教学中，教师运用歌曲辅助句型教学，轻松达到英语运用能力的目的。学生在学唱英语歌曲时，必须先学会歌词中的英语单词，这样就将学习语法知识变得充满乐趣。

英语学习者单独地记忆单词，不如背句子，因此听英文歌曲在短期内，可以高效地记忆单词，英文歌曲中的句子更是值得记忆的句子。例如，“get”这个单词，在歌曲的用法；

(1) 歌词“get back to where you once belonged”(by Beatles)，get back 的意思是“回到”。

(2) 歌词“get down and move it all around” (by Back Street Boys)，get down 的意思是“放下”。

(3) 歌词“think again，before you get the wrong impression on your mind”(by Blues，get) 中的意思是“得到”。

(4) 歌词“get so lonely，can’t let，just anybody hold me” (by Jackson Janet，get) 中的意思是“变成”。

(二) 引导学生听唱英文歌

1．听唱英文歌曲分类

英文歌曲种类繁多，因此对歌曲的选择也是因人而异。根据学生水平选择英文歌曲可以分为以下三类。

(1) 初学者。对于初学者，首要目标是要帮助他们树立自信心，培养兴趣。可选一些节奏较缓、旋律轻柔、抒情的音乐。

(2) 中级水平者。中级水平者多是很善于考试的同学，英语学的一般都不错。

(3) 高级水平者。学习水平较高的同学可自由选择精听或泛听各种类型的音乐，也可去听一些 Rap(说唱乐)等有挑战性的音乐。

2．举例分析

英文歌曲包含丰富的词汇量，在课堂教学中，教师要完整地唱出一首歌曲，最好将歌词呈现出来，之后结合这首歌的原唱，要求学生学会，甚至达到不看歌词也能唱出这首歌的程度。如表 6-10 所示，一些优秀的歌词的赏析。

表 6-10　优秀歌曲歌词赏析

序号	歌曲歌词	赏析
例 1	美国电影 *Sound of Music*(《音乐之声》)中的 Edelweiss： Edelweiss，Edelweiss Every morning you greet me Small and white，clean and bright You look happy to meet me Blossom of snow，may you bloom and grow Bloom and grow forever Edelweiss，Edelweiss Bless my homeland forever	体会 bloom 和 blossom 的词性和用法，做到活学活用
例 2	*Sound of Music*(《音乐之声》)中的 Do—Re—Mi： Let's start at the very beginning A very good place to start When you read you begin with A—B—C When you sing you begin with do—re—mi Do—re—mi，do—re—mi The first three notes just happen to be Do—re—mi，do—re—mi Do—re—mi—fa—so—la—ti	1．介词短语： at the very beginning 2．动词短语： begin with(从……开始) happen to be(碰巧) bring sb. back to (把……带回到) 3．动词不定式短语、分词短语、介词短语作后置定语：

续表

序号	歌曲歌词	赏析
例 2	Let's see if I can make it easier Doe，a deer，a female deer Ray，a drop of golden sun Me，a name I call myself Far，a long，long way to run Sew，a needle pulling thread La，a note to follow Sew Tea，a drink with jam and bread That will bring LIS back to Do(oh—oh—oh) Do—re—mi—fa—so—la—ti—do So—do!	a very good place to start a note to follow Sew a needle pulling thread a drink with jam and bread 4．make+宾语+宾补： Let's see if I can make it easier

第七章 互联网环境下的英语教学新变化

第一节 大学英语教学改革的目的与理念

互联网技术与英语教学融合是互联网技术教育应用发展的新历史阶段，也是教育教学领域的一场深刻革命。许多学校一线教师都非常强调在教学过程中运用互联网技术，有利于提高教学质量和效率，转变教学观念和方式，培养学生信息素养。

第二节 互联网技术对英语教学的影响概述

从国内外教育信息化发展现状和趋势来看，将互联网技术应用于英语教学，促进互联网技术在教育、教学方面的全面应用，进而培养新世纪我国所需的创新型人才，已成为教育信息化发展的重点和热点。

一、给英语教学带来了多元化的改变

一方面，就课程教学本身而言，互联网技术的融入能够改变英语教学结构，改变传统的教师单向灌输教学的模式。该过程可以充分运用互联网技术当中的优势对课堂教学中的重点与难点进行分析讲解，提高学生学习的自主性与高效性。

同时，在教学过程中要认识到互联网技术的服务地位，根据学科特点、学生的特点以及教学内容的需要，建立合适的互联网技术及教学模式。要避免本末倒置，如果为了运用互联网技术而设计教学内容，这样不仅没有发挥互联网技术与真正作用，反而降低了效率，完全背离了互联网技术应用的初衷。

另一方面，就互联网技术教育而言，互联网技术与英语教学的融合对互联网技术教育本身也是大有裨益的。自20世纪末期开始，我国在基础教育阶段实施互联网技术教育，培养学生运用互联网技术获取、分析、加工、处理、运用知识的能力，已成为我国基础教育信息技术课程的教学目标。但是，由于观念和习惯等诸多方面因素的影响，信息技术课程只能占用学生极少的时间，信息技术课程教师通常运用课上时间完成知识点的串讲以及对学生的练习。由于时间有限以及信息技术学科的特点，学生往往对学习内容的理解和体会还不够深刻，应用能力不足。

此外，运用互联网技术呈现教学内容的方式与传统教学模式有较大的差异。互联网技术与英语教学融合使教学方式更加生动化。传统教学模式多数是教师通过语言讲授或以板书形式呈现教学内容的，学习者一般被动地接受知识，久而久之会产生疲倦乏味的观感，导致对学习内容丧失兴趣，降低了学习效率。在互联网技术的辅助下，教学内容的呈现形式向多样化发展，课堂教学不再是教师单一地使用语言文字来教学，图片、动画等多媒体手段的介入，使得学生的积极性被极大地调动，将被动的学习状态变为主动的知识探究，激发了学习兴趣，进而提升了学习效率。

二、有利于实现英语教育、教学的根本目的

互联网技术应用于英语教学属于一种教育改革行为，在教学过程中，互联网技术的运用在促进老师教学、学生学习和教育发展过程中起到了关键的作用。互联网技术应用于英语教学不仅有利于实现教学的目的，而且为教育改革带来了积极的影响。互联网技术为我国不同阶段的课程设计提供了更多元化的方法，同时也扩大了课程设计的范围。

三、改善教师教学水平

互联网技术可以让教师获得更多的教学资源，实现高效率和高质量的教学。把课堂的有限时间延长到课堂外，让学生和老师拥有更多的交流时间，同时有利于老

师与学生之间更深入的沟通。通过互联网技术的充分利用，让更多的老师避免重复劳动，从大量的备课和授课任务中解放出来，花更多的精力投入到科研活动中。

四、有利于提高学生的信息素养

所谓信息素养是指人们能够敏锐察觉信息需求，并能进行相应的信息检索、评价和有效利用所需信息的能力。提高互联网技术的应用能力可以培养学生的信息素养，使学生具有一定的信息意识和信息能力。

五、有利于培养学生的创新能力

学生创新能力的培养需要理想的教学环境的支持，互联网技术应用于英语教学过程之中正好可以为培养良好的创新能力营造理想环境。在这样的环境中，互联网技术作为学生的创造工具，表现出其强大的优势。

第三节　图书馆期刊发布系统在英语教学中的应用研究

众所周知，信息技术的发展在很大程度上推动了教育的发展和革新，然而要使信息技术更好地服务于英语教学，就必须使信息技术和英语教学实现有机的结合。信息技术和英语教学的紧密结合，在当今时代有相当深远的意义，将颠覆人们现有的学习观念，为未来教育的发展指明方向。

一、互联网时代大学生英语教学模式探究

（一）互联网时代的大学英语教学模式理论框架

新型大学英语有三种主要的教学理念：其一是多模态、多媒体、多环境理论，其二是计算机技术与外语课程的生态化整合理念，其三是基于建构主义的教学理念。这三种教学理念都强调学习环境的创设和教学结构的改变这两种核心要素，认为它们之间是相互依托、相互补充的关系。这是三种教学理念整合成一个理论

框架的关键所在(见图 7-1)。下面分别介绍这两种核心要素。

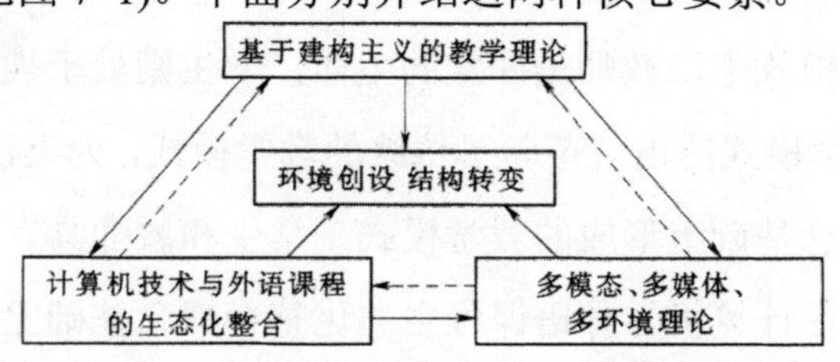

图 7-1　新型大学英语教学模式理论框架

1．学习环境的创设

三种理论对学习环境的要求不同。多模态、多媒体、多环境理论营造的学习环境，可以使学生在其中得到多模态的体验，并且可以进行模态转化学习。计算机与外语课程生态化整合理念致力于营造数字化的学习环境。建构主义的教学理念营造的学习环境有利于交流和沟通，协助建构意义框架。这三种环境存在着密切的关系，彼此之间具有相容性，在一定程度上可以借助彼此来互相实现。首先，在当前的教学过程中，多模态学习的实现有赖于多媒体学习的协助，多媒体学习需要在数字化环境中进行。其次，上文提出的理论框架具有一定的系统性，依据该理论框架形成的教学模式更容易操作，也更容易进行验证。该理论框架有完整的理论跨度：其既有处于基础层面的哲学立场，也有处于可证伪层面的模态转换学习假说。不同于其他研究，该框架模态的多少和转换作为一个变量更容易控制和分离，因而更容易实现最初的教学设计，也更容易进行验证，如图 7-2 所示。

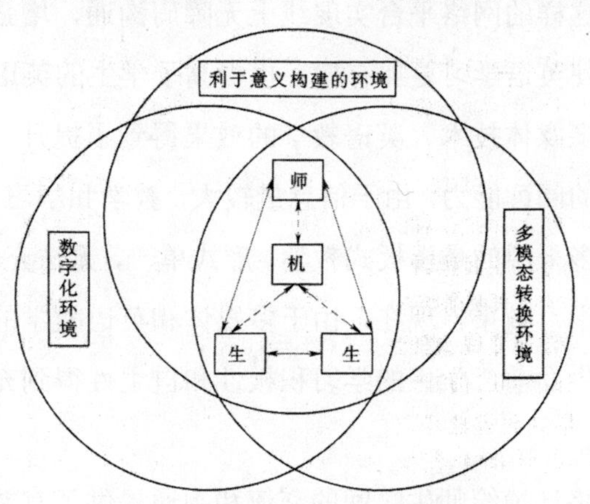

图 7-2　新模态大学英语教学模式

2．教学结构的改变

在传统的教学模式中，教师是课堂的主体，学生则处于被动地位接受教师传授的知识。新型教学模式的出现革新了传统的教学模式，为英语教学带来了转机。在建构主义教学理念基础上形成的教学模式，学生和教师具有同等重要的角色，都是课堂的主体。在计算机与外语课程生态化整合理念基础上形成的教学模式，教师充当主导者的角色，学生具有绝对的主体性。在多模态、多媒体、多环境理论上形成的教学模式，教师是主导者，学生是课堂的主体。在这三种理念中，都把学生的主体地位看得至关重要。除此之外，计算机和网络也是生态化整合理念和多模态、多媒体、多环境理论不可缺少的教学结构组成要素。

（二）互联网时代的大学英语教学模式的优势及应用

1．网络环境下的大学英语教学模式的优势

伴随着信息技术产生的新型大学英语教学模式，解决了传统教学模式无法实现交互性英语学习的弊端。在这种新型的教学模式中，学生可以进行自主、主动学习，革新了传统教学只能被动接受新知识的模式，可以提高学生学习的兴趣，英语学习不再局限于课堂和上课时间，具有很大的随意性。基于信息技术的新型英语教学，充分利用了多媒体的种种形式。首先，在课程展开过程中，声像交替、图文并茂、灵活多样，为学生营造了一个有趣的学习环境。其次，师生之间可以利用像慕课、微课这样的网络平台实现线上无障碍沟通，增强了师生之间的交互性和协作性，不仅使英语学习更加有趣，也提高了学生的英语综合能力。

一方面，借助多媒体技术，英语教学的效果得到了提升。英语教学的一个主要目的是培养学生的阅读能力，由于信息量较大，教学和学习都具有一定的难度。传统的教学模式大多采用的是黑板式教学，形式单一，无法充分调动学生的学习，也无法达到预期的学习效果。现在，由于多媒体和英语教学的结合，信息可以灵活多样地展示在学生面前，学生的学习积极性和自主性得到充分调动，从而保证了学生的学习效率。

另一方面，网络环境给师生之间的交流和沟通提供了有益的平台，改善了传

统教学模式中师生之间的沟通限于课堂的状况。教师可以通过网络平台布置和批改作业，学生也可以通过网络平台向老师请教在学习中遇到的难题。

2．网络环境下的大学英语教学模式的应用

处于科学技术迅猛发展的今天，传统的英语教学模式既不能提高高校大学生的英语综合能力，也不能满足社会对新型英语人才和需求。面对这样的现状，教育部提出了“以学生为中心”的教学理念，在国内部分高校实行计算机网络辅助教学试点。

计算机网络教学模式的教学理念是“一对一”，即一个学生面对一台计算机进行学习的模式。在学习过程中，学生不仅通过计算机学习教师讲授的知识点，也可以与教师进行一些基本的交流。当今社会需要的英语人才是同时具备阅读能力和听说能力的人才。在这一点上，计算机网络教学模式可以充分发挥技术优势，为培养具有英语综合能力的高素质人才做出贡献。

有学者曾经就网络环境下的大学英语教学是否能够达到培养学生自主学习能力和提高学生英语综合运用能力的目的展开调查，统计结果见表 7-1、表 7-2、表 7-3。

表 7-1　学生对多媒体和网络下的教学形式和内容的满意度(1%)

频次	满意	一般	不满意
第一次调查	73	21	6
第二次调查	75	20	5
第三次调查	74	23	3
第四次调查	76	20	4
第五次调查	79	19	2

表 7-2　学生对网络教学系统和多媒体课件的满意度(1%)

频次	满意	一般	不满意
第一次调查	81	15	4
第二次调查	80	16	4
第三次调查	79	18	3
第四次调查	78	20	2
第五次调查	76	22	2

表 7-3 学生对计算机网络环境下的大学英语教学效果的满意度(1%)

频次	满意	一般	不满意
第一次调查	89	16	6
第二次调查	79	16	5
第三次调查	80	15	5
第四次调查	81	16	3
第五次调查	80	18	2

从上表的数据可以看出，最初部分学生难以适应计算机和网络环境下的大学英语教学模式，但随着逐渐地了解和深入，他们慢慢认同了新型的教学形式和内容。网络教学系统和多媒体课件因其具有生动形象的特点，在刚开始引起了学生的浓厚兴趣，可是一旦过于新鲜期，学生对网络教学系统和多媒体课件的满意度有下降的趋势。从整体上来看，大多数学生对新型的教学模式还是比较认同的。

二、互联网与大学英语教学的关系

从国内外教育信息化发展现状和趋势来看，将互联网技术应用于英语教学，促进互联网技术在教育、教学方面的全面应用，进而培养新世纪我国所需的创新型人才，已成为世界各国教育信息化发展的重点和热点。

(一) 互联网促进了英语教学的多元化发展

一方面，就课程教学本身而言，互联网技术的融入能够改变英语教学结构，改变传统的教师单向灌输教学的模式。该过程可以充分运用互联网技术当中的优势对课堂教学中的重点与难点进行分析讲解，提高学生学习的自主性与高效性。

同时，在教学过程中要认识到互联网技术的服务地位，根据学科特点、学生的特点以及教学内容的需要，建立合适的互联网技术及教学模式。要避免本末倒置，如果为了运用互联网技术而设计教学内容，这样不仅没有发挥互联网技术的真正作用，反而降低了效率，完全背离了互联网技术应用的初衷。

另一方面，就互联网技术教育而言，互联网技术与英语教学的融合对互联网技术教育本身也是大有裨益的。自 20 世纪末期开始，我国在基础教育阶段实施了互联网技术教育，培养学生运用互联网技术获取、分析、加工、处理、运用知识的能力，成为我国基础教育信息技术课程的教学目标。但是，由于观念和习惯等诸多方面因素的影响，信息技术课程只能占用学生极少的时间，信息技术课程教师通常运用课上时间完成知识点的串讲以及对学生的练习。由于时间有限以及信息技术学科的特点，学生往往对学习内容的理解和体会还不够深刻，应用能力不足。

此外，运用互联网技术呈现教学内容的方式与传统教学模式有较大的差异。互联网技术与英语教学融合使教学方式更加生动化。传统教学模式多数是教师通过语言讲授或以板书形式呈现教学内容的，学习者一般被动地接受知识，久而久之会产生疲倦乏味的官感，导致对学习内容丧失兴趣，降低了学习效率。在互联网技术的辅助下，教学内容的呈现形式向多样化发展，课堂教学不再是教师单一地使用语言文字来教学，图片、动画等多媒体手段的介入，使得学生的积极性被极大的调动，将被动的学习状态变为主动的知识探究，激发了学习兴趣，进而提升了学习效率。

（二）互联网促使英语教学目标的实现

互联网技术应用于英语教学属于一种教育改革行为，在教学过程中，互联网技术的运用在促进老师教学、学生学习和教育发展过程中起到了关键的作用。互联网技术应用于英语教学不仅有利于实现教学的目的，而且为教育改革带来了积极的影响。互联网技术为我国不同阶段的课程设计提供了更多元化的方法，同时也扩大了课程设计的范围。互联网技术所具有的强大功能，让我们的教学形式呈现了多样化的特点。

（三）互联网有助于提高教师的教学水平

互联网技术可以让教师获得更多的教学资源，实现高效率和高质量的教学。把课堂的有限时间延长到课堂外，让学生和老师拥有更多的交流时间，同时有利于老师与学生之间更深入的沟通。通过互联网技术的充分利用，让更多的老师避免重复劳动，从大量的备课和授课任务中解放出来，花更多的精力投入到科研活动中。

第四节　互联网技术在英语翻译教学中的应用研究

互联网技术发展迅猛，对英语教学也有着重要的影响。本节重点讲述互联网技术在英语翻译教学中的应用和研究。

一、英语和汉语语序异同对比

就英语和汉语两种语言的语序差异进行比较与分析，从而帮助学生准确地进行英汉语序切换，正确地传递信息。

语序指的是组成词语和句子等的各个成分的线性排列规则，它在一定程度上反映着不同的语言使用者的民族习俗和思维模式，它体现词语(符号)之间的关系，表现了句法层面的语言内在意义。从语言类型学角度而言，英语和汉语都是 SVO (subject verb object)类型，主要成分主语、谓语、宾语顺序排列基本相同，但修饰语(定语、状语等)语序差别很大。正是这种差异导致中国学生在口语、写作、翻译练习中习惯性地使用母语语序，说出一些中文式的英语语句(Chinglish)。因此有必要就英汉语序的异同作一些分析和探讨，从而帮助学生准确地进行英汉语序切换，正确地传递信息。

(一) 英汉主要成分的语序对比

英语五种基本句型的主干成分语序均与汉语语序一致：

(1) 主语+不及物动词。

What happened？ 发生了什么事？

(2) 主语+系动词+表语。

He fell sick.他病了。

(3) 主语+及物动词+宾语。

You should face the facts.你应该面对现实。

(4) 主语+及物动词+间接宾语(指人)+直接宾语(指物)。

He lent her his cell phone.他把他的手机借给了她。

(5) 主语+及物动词+复合宾语。

The terrorist held。few guys hostage.恐怖分子把几个人扣做人质。

需要注意的是，现实生活中使用的语言尽管十分复杂，但都可以看成是这五种基本句型的拓展、组合、省略、倒装等变体形式。

(二) 英汉修饰语(定语和状语)的语序对比

1. 定语语序差异对比

汉语的线性序列原则是前端重量原则，所以现代汉语中名词修饰语无论长短，复杂或简单，通常都放在中心语之前。英语则不是这样，单词作定语时，一般放在所修饰的名词之前，短语和从句做定语时则通常放在所修饰的名词之后。

(1) 单词作定语。

单词用作定语时一般前置。如：

She is an excellent pupil.她是一名优秀学生。

但下列情况需要后置：

1) 在一些受到法语影响的固定说法中，如：

heir-apparent 法定继承人

2) 以字母 a-头的表语形容词作定语时一般需后置，如：

She is the most happy girl alive. 她是世上最幸福的女孩。

3) 以-able 结尾的形容词，以及 present, proper 等用作定语时常可后置。如：

He is the only person reliable.他是唯一可靠的人。

All the employees present were all ears.所有在场的雇员都在聚精会神地聆听。

4) 由 some-, any-, no-和-body、-thing, -one 等构成的复合不定代词时，其定语须后置，如：

I want to find something interesting to play with.我想找些有趣的游戏来玩。

5) 汉语中副词不作定语，英语中副词 here , there , home , below 等作定语修饰名词时，通常放在名词的后面，如：

On the way home } he came across his middle school classmate.回家的路上，他碰上了他的中学同学。

Life here is full of both happiness and hardships.

这儿的生活既有快乐也有艰辛。

另外值得注意的是英汉两种语言前置定语的排列顺序既有相似性也有差异性。相似性体现在对所修饰的中心语先作限定，再作描述，而描述时则都是先主观、后客观再到本质，如：

a new English-Chinese phrases dictionary

一本新的英汉短语词典

a tall intelligent young Chinese officer

一个聪慧的高个子年轻中国军官

限定性定语的差异性主要体现在领属性词语和限定数量范围的词在两种语言中的顺序正好相反，

如：

Both your sisters(你的两个姐妹)have been abroad for a long time.

All her money soon ran out.她所有的钱很快就用完了。

(2) 短语作定语。

在英语中，修饰名词的短语一般要置后，但在汉语里则放在被修饰的名词之前。如：

They really need a place twice larger than this one.

他们确实需要一个比这里大一倍的地方。

He is talking to。boy resembling Tom.他在和一个貌似汤姆的男孩说话。

但有时由 and 和 or 连接的反义词作后置定语时，具有让步意义，不宜译成汉语的定语，一般译成汉语的让步状语从句。如：

A moving body，big or small，heavy or light，resists being accelerated.

一个运动的物体，无论大小轻重，都是抗拒加速的。

(3) 从句作定语。在英语中，无论是限制性定语从句，还是非限制性定语从句，一般皆放在它所修饰的名词之后；但翻译成汉语，限制性定语从句多前置，非限制性定语从句保持和英语相同的语序。如：

The tall man who is standing over there is my brother.

站在那里的那个高个子是我的弟弟。

Water which is a clear liquid has many uses.

水是一种清澈的液体，有许多用途。

2．状语语序差异对比

汉语状语习惯放在句中，即主语之后、谓语之前。但有时为了强调，可以放在句首，即置于主语之前。英语的状语在句子中的位置大致有三个：句首、句中、句尾。若是一个单词构成的状语就可以根据句子的需要放在句首、动词之前、助动词与动词之间，或者一放在句末。较长的状语则往往放在句首、句末，一般不放在句中，当然也有例外。

(1) 单词或短语作状语的情况下。

有一个状语的情况：

汉语状语(如时间状语、地点状语等)一般都放在主语和谓语之间，而英语状语除表频率的副词

(如：always, sometimes, usually, frequently, never, seldom 等)以外，一般都放在句末。如：

He has always lived in that house.他一向都住在那栋房子里。

I saw him there lately.我最近在那里看见他了。

但介词短语作状语，多置于句末或句首，有时亦可置于句中。如：

Only in this way can he make his dream come true.

只有用这种办法才能实现他的梦想。

Where on earth is it？　到底在哪儿呢？

(2) 有多个状语(如时间状语、地点状语、方式状语等)同时存在时，汉语的通

常顺序是：时间、地点、方式；英语的一般顺序是：方式、地点、时间。如：

She has lived in poverty for thirty years.她在贫困中生活了三十年。

I came across John on campus the day before yesterday.

我前天在校园里碰见了约翰。

She kept writing letters feverishly in her study all morning.

她在书房里兴奋地写了一上午的信。

英语中时间(地点)状语并列使用时，一般说来都是由小到大，与汉语相反，如：

They reached home at six o'clock in the evening.

他们十傍晚五时到家。

The books lie on the table in the library.

那些书都放在图书馆的桌子上。

(3) 从句作状语时。

1) 在英语中，表示时间、地点、条件、让步和方式的状语从句，既可以置十句首，也可置于句末，但汉语语序一般都置于句首。如：

I can learn while I work.我可以边工作边学习。

Sit down wherever you like.你喜欢坐哪儿就坐哪儿。

I am going whether it is raining or not.不论下不下雨，我都要去。

Do as I say.照我说的做。

2) 表示原因、目的和比较的状语从句，可置于句首，也可置于句末，汉语语序可以与其保持同步。

如：

I eat potatoes because I like them.我吃土豆是因为我喜欢土豆。

In order that the grass and flowers could bloom again } it was necessary that the rocks should be removed.

为了这些花草能再开花，这些石头必须搬走。

3) 表示结果的状语从句皆置于主句之后，汉语语序与其同步。如：

He got so little pay that his family had to live on welfare money.

他工资微薄，家人不得不靠救济金生活。

（三）结语

英汉两种语言源自不同的语言体系，两个民族也有着思维方面的差异，因此在语序安排上也有区别。对比分析以上的例子，我们可以发现英汉语序常见的异同之处，从而帮助学生了解并掌握英汉语序的这些特点和异同，使他们更好地运用这两种语言。在口语、写作和翻译的过程中，只有正确地进行英汉语序切换，才能使语句符合英汉语言表达习惯，准确地传达原意，所以语序对比研究对双语转换和外语教学具有重大的指导意义。

二、SDL Trados Studio 在翻译教学中的应用研究

本节叙述了实际操作中术语库在 SDL Trados Studio 中对翻译的辅助作用，并阐明了术语库与字典的区别，指出了仿照字典模式建立术语库在操作中的弊端和解决方案。

术语库即术语数据库作为一种统一科技语言、开展国际合作的重要工具，日益受到越来越多的国家和组织的重视，特别是近 10 多年来有了迅速的发展。它充分利用计算机特有的功能，大量储存各种术语，同时还能随时补充和更新术语，有力地加强了对术语的管理。现在主流的计算机辅助翻译软件也相应的增加了术语管理模块，可根据需要与主系统合并或分开使用，如 SDL Trados Studio 软件中的 Multiterm。

（一）术语库在实际软件操作中的体现

计算机辅助翻译软件中的术语库虽然具有一定的字典功能，但是在实际操作中小难发现，它与字典有着明显的区别。从应用角度来讲，在用计算机辅助翻译软件携带术语库处理译文时，会遇到译文出现术语库所含术语的情况，相应地方会有红线标出，同时术语会在术语窗口中显示出来，操作者只需用鼠标点击操作窗口中相应的术语翻译，译好的术语便可自接添加到译文中。

(二) 仿照字典模式建立术语库在操作中的弊端

字典则对于一个术语或词语提供了各种标注、译文、例句和较为详尽的解释，如果仿照字典的模式建立术语库，在用计算机辅助翻译软件进行翻译时，其术语窗口会非常冗繁拥挤，查找起来也非常吃力耗时，也无法将对应术语译文用鼠标点击自接填入译文中，即使可以自接进入译文，因为术语译文本身带着与翻译任务没有自接关系的解释与例句，还要填入后逐一删去，大大增加了操作的繁复性，耗时费力，完全失去了术语库辅助软件提高翻译效率的初衷。所以制作术语库时，选择添加的术语要越专越好，其含义越少越好，针对性越强越好。如，tension，在船舶或物理等专业领域中，它是“张力”的意思。而字典所提供的解释，标注和应用范例如下：

(1) (U)紧张，伸张。

The～of the muscles

肌肉的紧张

(2) (精神上的)紧张，奋发，激动

under extreme～

极度地紧张着

(U)[又作～s](情势、关系等的)紧迫，紧张(状态)

the～s between labor and management

劳资间关系的紧张

可见，在术语库的实际运用中在窗口中出现这一系列内容时，操作起来该是多么复杂，以上的例子还只是摘自英汉简明字典。即使在某些专业字典中，一个术语也有多个含义，进行了多项标注，范例与解释。所以，制作术语库所选择的语料最好是如下的一一对应模式：

船舶术语选择示例：

ability of bearing taxation　　负税能力

above elbow amputation　　月寸上切断术

absorb more labor power　　容纳更多的劳动力

absorption conductor oath　　吸附导体阴极

abutment crane　　台座起重机

术语库里面的词条在专业翻译领域有着特殊的专业释义，并随时可以人工修订或增加释义，这是电子词典无法做到的。另外，术语库是双向的，它既支持该领域的英译汉项目，也支持汉译英项目。当然，我们也可以把某个单词的小常见译文和一些难记的“卜时用得较少的单词做成术语库，在翻译时起到提醒的作用。

(三) 互联网上的英汉双语术语语料的常规处理

在互联网上可以搜寻到的术语集 Excel Word 和 TXT 格式的占大多数，其次是 PDF 格式的文件。其中 Excel 格式的文件英汉已经进行了对齐，只需按照上而所提到的“一一对应”的原则进行删减处理，然后用 SDL Trados Studio Multiterm Converter 生成 xml 文件导入到通过 SDL Trados Studio Multiterm 创建的专业术语库中即可。PDF 文件可以通过 PDF2Word Convener 转成 Word 文件或自接用倡听 (Foxit PDF Reader)阅读器或 Adobe Reade：打开文档自接用文本查看器或文本提取功能将文本复制粘贴到 Word 文档中。

(四) 结论

术语库的出现是术语研究和词典编纂发展过程中的一个新阶段，虽然在有些专业场合中又被称为自动化词典，但是在计算扫 L 车甫助翻译中，无论是制作还是其使用过程，它和字典有着本质的区别。

三、对 SDLTrados 翻译记忆库英汉语料批量添加两种方法的引介与评析

本文引入了两种批量添加 SDL Trados 翻译记忆库英汉语料的方法，并对其优缺点和对 Trados 翻译记忆系统的意义进行了评析。

SDL Trados 虽然功能强大，但是该软件既没有现成的记忆库，也没有提供记忆库双语数据的批量导入方法和导入工具，下面引介的方法对提高 Trados 翻译记

忆库批量填充效率有一定的帮助。

（一）“基于 MS Word 的七步法”

此方法是纯 MS Word 环境下句库的制作方法，比较直观，简单易学，若保证正确导入，则不会产生乱码。

第一步：将独立成篇的双语文字复制到同一个 Word 文件中，全部选定，选择“清除格式”将原文中的各种格式清除，否则制作好的句库会出错，产生乱码等现象二第二步：将双语文字全部选定，点击“表格”工具栏>转换>文本转换成表格二在出现的对话框中点击“确定”形成单列表格二第三步：将页面内的表格缩小到页面的一半以内，将下部的一种语言全部选定并剪切、复制到另一种语言的右侧，形成左右英汉对照的形式，去掉最下部的全部空行，在两种语言中间和两侧添加空白列二第四步：在空白列最上一栏由左至右分别输入“{0>”,“<}0}>”,“<0.”并分别填充各列二第五步：点击“表格”菜单>“转换”>“表格转换成文本”，在弹出的对话框中选择‘制表符”选项，“确定”第六步：利用 Word 的替换功能，把制表符(下图中的所选空格)从原文复制粘贴到“查找内容”栏中，“替换为”中不作改动，选择“全部替换”，将空格全部去掉二第七步：替换完后，如图所示，就形成带有 SDL Trados 2007 识别符号的对照形式，然后利用 SDL Trados 2007 的 TWB 中的“Cleanup”功能，选择“Update TM”选项，就将文件导入到 TM 中去了。

需要注意的是，Word 的表格/文本转换功能可能因为各种原因不可用，解决方法通常为：从“开始”>“程序”>"Microsoft Office" > "Microsoft Word"；然后在新打开的界面中操作就可以了，但是在这之前要关闭全部 Word 文档才行。

（二）对“基于 MS Word 的七步法”的评析

此种方法的优点在于总体上步骤简单(共分七步)，比较容易学，上手快，前六步都是在完全脱离 Trados，的 MS Word 环境中完成，形成了带有 Trados 可识别的独立的 Word 文档，所以便于让许多不懂 Trados 的人员进行批量制作此文档，

而由懂得操作

SDL Trados 2007 的专业人员将文件批量导入到 SDL Trados 2007 的记忆库中在 SDL Trados 2007 环境中使用，也可以再将导入的批量文件导出 SDL Trados 2007 的记忆库形成 TMX 格式的记忆库交换文件，可以单独保存，也可将其导入到 SDL Trados studio 的记忆库中在 SDL Trados studio 环境中应用二此种方法让个人或翻译小团队分工批量制作记忆库成为了可能。

此种方法也有很大的局限性和缺点，比如，对加工的双语文本要求严格，两种语言必须是严格句句对译的且原文和译文是分开的(另外对于双语在一个文档中，且是按照一句原文一句译文，双语混杂相连的情况无能为力)，否则在进行第三步时，无法实现表格中两个语种的句句对应(对齐)，无法再往下进行或进行下去失去意义，如要继续操作下去则必须在这一步进行表格的 Word 环境下的人工调整，以实现双语的对齐或在处理文件之初先进行两种语言在一个文档中或是各自文档中的调整，或通过调整符号，如原文如果是一句，而译文却是两句或是更多句对译，那么把译文的几句合成一句，用一个句号；或对于原文和译文混杂情况下，进行人工的提取与对齐，当然这会耗费大量的时间和精力，但这毕竟是脱离 SDL Trados 环境下的人工对齐操作。

(三) “基于 MS Word 的七步法”的引申方法

MS Excel 与 MS Word 搭配使用分四步进行：第一步：用 My Excel 准备双语对照文件二以英汉对照文件为例：第一列原文，第二列译文二第二步：将文件复制到 MS Word 中，按照上述方法一中第五步的做法将表格转换为文字二第三步：参照方法一第六步的做法用 MS Word 的查找替换功能将“^ P”替换为‘<0}^ P}0>"。将制表符“t”替换为“<{0} >”，将正文最后多余的标签删除，在正文第一行原文前加“{0}>”第四步：打开 SDL Trados 2007 TWB，创建新的 TM 后，TOOLS>CLEANUP，添加文件，勾选"UPDATE TM"，开始整理。

此种方法由于采用了 MS Excel 表格通过复制、粘贴的方式把 TAT 或 DOC)的双语文件在 Excel 中对齐后再进入 MS Word 环境中参照方法一的步骤进行编辑，要比直接在 Word 中建立表格再进行对齐要方便得多，不但实现了 SDL Trados 环境外的双语对齐，实现批量制作双语记忆库，也大大提高了制作的效率。另外此法还充分利用了 MS Word 的查找替换功能，大大提高了制作效率.但此种方法从本质上与“七步法”是一样的，自然也在双语提取与对齐上耗费大量的时间与精力。

（四）结语

翻译记忆系统是计算机辅助翻译软件的核心组件，该领域的翘楚 SDL Trados 软件自然也不例外，但是没有现成的翻译记忆库和英汉双语语料批量添加工具，也着实让该软件的强大功能留下了一个莫大的遗憾。“基于 MS Word 的七步法”为弥补该遗憾迈出了可喜的一步，其带给我们的启示为推动者该领域进一步向前发展带来了福音。

四、将互联网英汉对照文件用于 Trados 翻译记忆库高效填充的方法研究

本文分析了互联网双语对照文件的特点，指出了双语字幕文件适合批量填充 Trados 翻译记忆库的文件格式类型，并提出了将其用于填充翻译记忆库的方法。

许多专业门户网站的网页上都有英汉双语对照文本，我们将其制作成以句子与句群，句群与句群为“翻译单元”对应的 Trados 翻译记忆库来为翻译提供参考的意义是非常大的。那么，短语与句子对应、句子与句子对应的双语对照的海量文本该到哪里找呢？找到了，又该怎样处理呢？

（一）互联网上存在的双语字幕文件特点

爱好看英美电影、电视剧以及科普知识视频的译者大多进行过对字幕的翻译，为了让字幕适应影片画面的需要并考虑到观众的感受，在动态的画面中一定是演员或解说员说一句，字幕呈现一句，所以在进行字幕翻译时为了把握好时间轴，必须采取双语的短语与句子对应、句子与句子对应方式进行二字幕翻译的这一特点就决定了双语文本在诞生之初就必须是短语与句子、句子与句子对照的二而如

今互联网上存在着海量的字幕文件，包括镶嵌式(字幕文件镶嵌在影视文件里)和外挂式(字幕文件与影视文件是分开的关对于镶嵌式的字幕文件要想提取字幕文本必须首先将整个影片下载下来，并用光学 OCR 识别软件对内嵌文字进行光学识别，文件下载耗时，用 OCR 进行文本识别后在校对就更耗时了。所以提取镶嵌式的字幕文本来进行翻译记忆库的制作从效率的角度看意义不大。

(二) 最适合制成翻译记忆库的双语字幕文件

现在，在互联网上海量存在的字幕文件中外挂式最流行，主要有 ssa 格式、wt 格式和 Vobsub 格式文件，其中前两种的字幕格式可以用 MS word 直接打开，打开时会有提示窗口出现，选“确定”即可。当然文件中有许多乱码出现，不过没有关系，充分利用 MS Word2007、2010 强大的查找替换功能将乱码批量删除即可，然后将处理好的文件全部复制粘贴到中英文提取器 V 1.02 软件的编辑窗口，然后再通过把自动对齐好的源语文本和译语文本分别复制到 MS Excel 表格的 A 列和 B 列中；在单元格 C1 中输入“=” <TrU>" &" <Seg L=EN-US>" &A1&" <Seg L=ZH-CN>" &B1&" </TrU>" "(不包括最外面的中文引号)，按回车；在 1：列其他单元格中复制公式(方法为：选中 C1，右键菜单中选择复制，选中 C 列，右键菜单中选择“选择性粘贴”，在对话框中选择粘贴公式)；选中 C 列，将 C 列内容复制到记事本中，保存为 TYT 文件；在 SDL Trado，2007 中打开 TM，导人刚才保存的 TYT 文件。这样，我们便可以几乎全自动地“批量生产”我们的翻译记忆库 TMY 交换文件，建立属于我们自己的翻译记忆库了。

(三) 处理字幕双语文件应注意的问题

按照此方法可以轻松实现一天进行 1 万个翻译单元的双语对齐，一年内成为拥有几百万英汉对照翻译单元的翻译记忆库“百万富翁”不是梦二当然，要想提高记忆库的质量，当用 MS word 的替换功能将 ssa 和，srt 文件的无用字符批量删除后，还需从头到尾把双语得对齐情况再检查一遍，有时也要将两段字幕合二为一，形成完整的双语句句对应(有时双语字幕是短语对应短语的，而且少部分的这种对齐也有出错的情况，须将原有对齐语序重新调整。

（四）互联网上普通英汉对照文本的处理方法

对于在互联网上搜集到的普通段落以及篇章英汉对照的文本我们只能全靠人工进行翻译单元的对齐，主要有三种方法：

一种方法是利用计算机辅助翻译软件自带的对齐工具如 SDL Trados 2007 的 WinAlign。将一个文本的英汉对照文件中的一种语言文本复制粘贴到另一文件中，然后用此对齐工具分别将两个文件导入进行人工连线对齐。

第二种方法是利用计算机辅助翻译软件，如 SDL Trado，Studio，建立新的英汉或汉英翻译项目。将上一个方法中的任意一个或一套同语言文件作为源语言建立英汉或汉英的翻译项目，将一个或多个同语言文件形成的文件夹导人，进入编辑窗口，将另一种语言以译文形式与编辑窗口中翻译单元通过复制粘贴一一对应，然后将源文和译文批量存入记忆库中，完成新建项目；第三种方法是用粘贴复制的方法将两种语言直接在 MS Excel 表格中横向对齐或在 MS word 中纵向对齐，再利用中英文提取器 V1.02 软件将双语复制到 MS Excel 表格中实现对齐，然后采用以上提到的相关翻译记忆库制作方法进行。

第三种方法在进行双语对齐操作时可以完全脱离计算机辅助翻译软件的操作环境，而且操作简单，适用于团队协作的翻译项目，使得不熟悉计算机辅助翻译软件的译者轻松融入团队中来，可由熟悉计算机辅助翻译软件的专业人士将对齐好的 xlm(x)文件收集整理后，按照上述记忆库的相关制作方法批量制作记忆库。

（五）结语

本文技术所涉及的软件有MS word MS Excel、中英文提取器V1.02 、MS Tst 、SDL Trados 2007 和 SDL Trados Studio。其中，中英文提取器 V1.02 软件是实现双语文件自动对齐与提取的关，MS word 用于批量去除干扰符号，MS Excel 用于批量填充 SDL Trados 2007 可识别的双语文件附加符号，带有所生成符号的英汉双语语料通过 TYT 文件的桥梁作用导人 Trados 翻译记忆库。

五、以“TXT 文件过渡法”批量添加 Trados 英汉翻译记忆库的引介与评析

引入了用 TXT 文件过渡来批量添加 Trados 翻译记忆库英汉语料的方法，并对其优缺点进行了评析。

TXT 文件过渡法，可以批量导入英汉双语语料到 Trados 的记忆库中，对提高 Trados 翻译记忆库批量填充效率大有帮助和借鉴。

(一) TXT 文件过渡法的准备

此种方法生成 TMX 记忆库交换文件需要先安装 SDL Trados 2007，并且需要 MS Excel/Word 的配合使用。此种方法同时也有多个子方法。

1．子方法一

(1) A 列全部复制好{0>, B 列为原文，C 列全部复制好<}0{>, D 列为译文，E 列全部复制<0}

(2) 将 MS Excel 文件另存为 TXT 文档。

(3) 用 MS Word 文件打开，删除制表符。另存为 RTF 或 DOC 格式。

(4) 打开 WORKBENCH，进行清理更新翻译记忆并导出 TMX 格式翻译记忆库交换文件。

2．子方法二

把 MS Excel 双语对齐文件另存为 TX7，后，用 MS Word 打开，运行批量林换宏执行操作”先将^P 林换为<</TrU>^P <TrU>^P <Seg L=EN-US>，然后再将^t 林换为^P <Seg L=ZH-CN>"(注意顺序小能颠倒，必须先将^P 后再替换^V，保存后，导入 TM 中。由于在 MS Word 中批量替换速度很慢，一万多单元都需要十分钟以上。

3．子方法三

(1) 打开 MS Excel 文件，A 列是英语原文，B 列是简体中文的翻译。

(2) 在单元格 C1 中输入"="<TrU>"&"<Seg L=EN-US>"&A1&"<Seg L=ZH-

CN>"&B1&"</TrU>"”(不包括最外面的中文引号)，按回车。

(3) 在C列其他单元格中复制公式。(方法为：选中C1，右键菜单中选择复制，选中C列，右键菜单中选择“选择性粘贴”，在对话框中选择粘贴公式。)

(4) 选中C列，将C列内容复制到记事本中，保存为TXT，文件。

(5) 在SDL Trados 2007中打开TM，导入刚才保存的TXT文件即可。

注意：如果客户给的小是上述格式，请稍作更改即可。另外公式中的”<Seg L=EN-US>"和”<Seg L=ZH-CN>"根据需要进行修改。这里给的只是简体中文的格式。繁体中文为”<Seg L=EN-US>"和”<Seg L=ZH-TW>"。其他语言的需求可自行更改。

4. 子方法四

本方法适用于trados 7.0.0.615版本。

(1) MS Word工作内容

1) 在word中复制中文原文，在其后复制英文译文。

2) 进行文本格式化。步骤为：取消源文件所有格式，排除所有空格、非顶格、乱码、段落残缺等缺陷。

3) 选word菜单之表格/“转换/文本转换为表格”，成表格。

(2) MS Excel工作内容。

1) 复制word中中文原文至A列，英文译文至B列。

2) 文本格式化：将A列格式化为12磅宋体，B列格式化为12磅Arial。

3) 在单元格 C1 中输入(<="<TrU>"&"<Seg L=ZH-CN>"&Al&"<Seg L=EN-US >"&B1&"</TrU>")，回车。

4) 双击C1单元格右下角出现的}一字星，在C列复制公式。

5) 选中C列，将C列内容复制到记事本中成TX7，文件。

(3) Trados 7.0.0.6151作内容。

1) 打开Workbench建立中英新的记忆库。

2) Setup设置新库字体参数，中文为宋体，英文为arial。

3) 导出空记忆库。

4) 复制该头文件至刚才保存的 TXT 文件开头，保存，关闭。

5) 将 TXT 导入刚才新建的 TM 库。操作完成。

备注：

1) 生成英中库可反向操作。

2) 其他语种可通过修改公式中”<Seg L=EN-US>"和”<Seg L=ZH-CN>"的字段编码实现。

3) 应注意各操作中语言组及方向组的严格对应；应注意在各次操作之前务必进行文本的格式化。

(二) 评析

此种方法充分利用了 MS Excel 的表格处理工具和运算工具，可以一次性处理比 MS Word 更多的双语对齐单元，而且大大提高了处理效率。

从该方法的四种子方法的纵向对比来看，显然子方法三的制作效率是最高的，因为它完全脱离了 MS word 的环境，最充分地利用了 MS Excel 的表格处理与公式运算能力；子方法一充分利用了 Excel 的表格处理能力，但由于最终的导入前处理工作仍然是在 MS Word 中进行，相比在 MS Excel 中进行要慢得多。子方法二的最大进步是引入了公式进行批量处理，把 MS Word 的查找替换功能，进行了进一步的推广，但由于在 MS Word 中批量林换速度很慢，并且宏的概念在 MS Office 2010 后开始逐渐淡出，所以小建议进行宏编辑，显然在提高制作效率上受到了一定的局限。

子方法四是较综合的方法，是为配介 Trados 2007 以前版本而专门设计的批量记忆库制作方法，除了对各种方法的综合运用外，它的最大小同是用“空库法”获取表头文件，并将其复制到 TXT 的过渡文件中进行 Trados 的二次导入，虽然操作方法比较烦琐，但此法为只习惯于运用 SDL Trados 2007 以前版本的用户带来了批量制作翻译记忆库的福音。

(三) 结论

此种 TXT 文件过渡法需用 Trados 的老版本作桥梁，再将其导出成 TMX 的记忆库交换文件，所以小能因为 Trados 旧版本的升级而完全忽视对它的研究和掌握，其与 SDL Trados Studio 的搭配使用在计算机辅助软件正在大步发展的今天是非常必要的。

第五节　MOOC 网络平台设计与英语教学实例研究

如何在教学与信息技术深度融合的背景下，实现英语教学手段、教学内容呈现形式、教学组织形式等方面的创新，更好、更快地达到英语教学目标是信息技术与教学深入融合领域的一个热点问题，基于 MOOC 的混合式英语教学更是人们探索的焦点。

一、MOOC 的概念

2012 年，MOOC(Massive Open Online Course，大规模在线开放课程)井喷式涌现，被媒体称为“MOOC 之年”。MOOC 是一种新形态的学习模式，可提供公平、开放、自主的学习机会，成就每一位学生，逐步实现全民教育。

MOOC 以学习者、社交网络和移动学习为核心，由一群愿意分享与深化自我知识的学习者组成，通过各种 Web 2.0 与移动学习工具进行特定主题的学习。

2013 年，Coursera 推出了 5 门中文课程，如表 7-4 所示。

表 7-4　港台地区 MOOC 的发展

课程名称	大学名称	主讲人
概率	台湾大学	叶丙成教授
中国古代历史与人物一秦始皇	台湾大学	吕世浩教授
昆曲之美	香港中文大学	Prof. Wei Hua Prof. Hsien—yungKenneth Pai
结构方程模型及应用	香港中文大学	Prof. Kit. Tai. Hau
中国人文经典：大师导读	香港中文大学	Prof. ouFan Leo Lee Prof. Wei Tsui

2013 年 5 月 21 日，清华大学与北京大学正式加盟 edX，成为 edX 的首批亚洲高校成员。

2013 年 9 月，北京大学第一批北大网络开放课程上线，并计划五年内建设 100 门网络开放课程。

二、MOOC的运行模式和英语课程组织形式

每门MOOC课程都有一个中心平台，由课程协调人员负责管理和维护。该平台发布的课程信息主要包括课程概要、内容资源、每周话题、活动通知、组织教师介绍等，学习者可以自由选择论坛、微博、社交网站等个性化学习工具进行学习。

(一) MOOC的运行模式

MOOC的运行模式如图7-3所示。

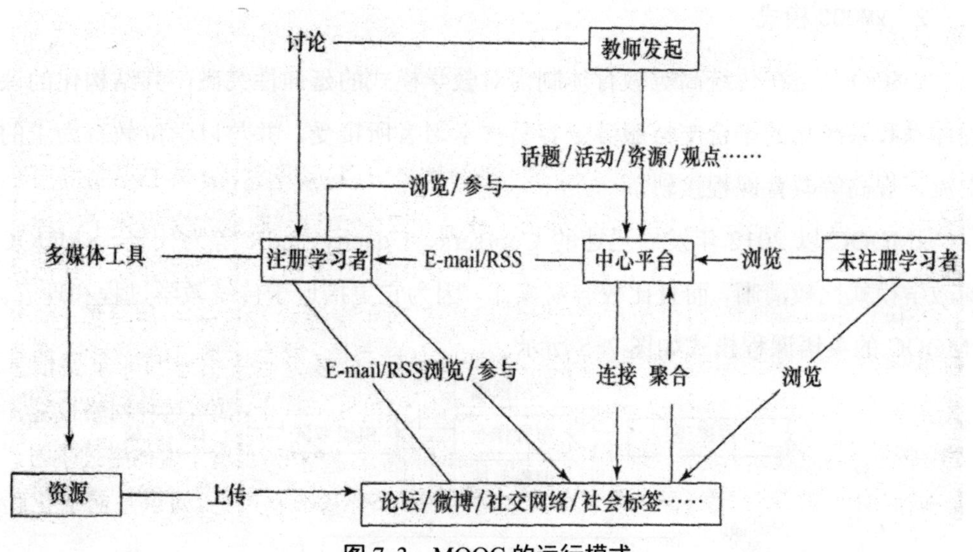

图7-3　MOOC的运行模式

(二) MOOC的课程组织形式

2012年迅速发展起来的Coursera、Udacity、edX等，进一步推动了MOOC的发展，推动了全球开放教育运动的新发展，被认为是2012年教育领域的重要事件之一，标志着人类文明传承和知识学习方式将发生革命性的变化。

1．cMOOC模式

cMOOC是建立在关联主义(一种学习理论，强调了社会和文化语境的作用)的理论基础之上，即知识是网络化连接的。cMOOC的英语课程模式如图7-4所示。

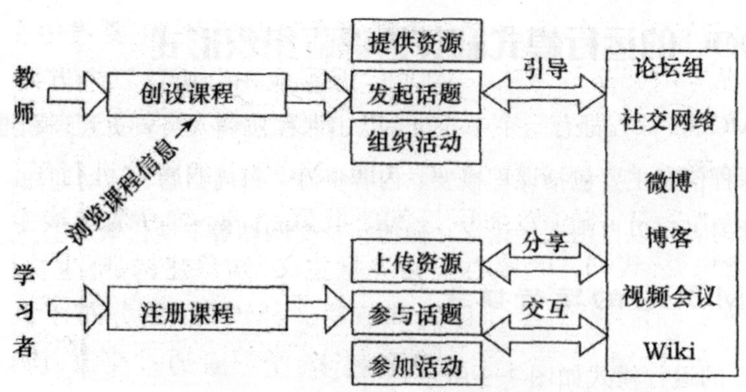

图 7-4　eMOOC 的英语课程模式

2. xMOOC 模式

xMOOC 是在传统高等教育体制内对教学模式的延伸性突破，其结构化的课程体系和系统化的平台支持服务更容易被学习者所接受，并与以学位教育为主的主流正规高等教育课程接轨。

xMOOC 以 2012 年发展迅速的 Coursera、Udacity、edX 等为代表。xMOOC 的教学模式比较清晰，而且比较容易操作，因为它更接近于传统教学过程和理念。xMOOC 的英语课程模式如图 7-5 所示。

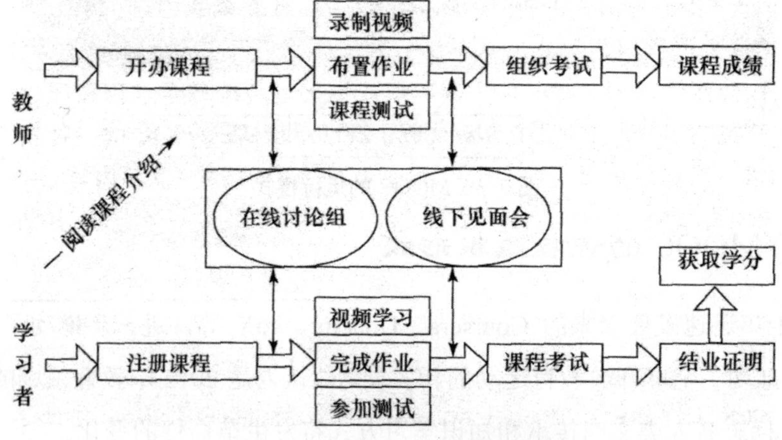

图 7-5　xMOOC 英语课程模式

参 考 文 献

[1] 曹才翰．中学英语教学概论[M]．北京：北京师范大学出版社，1990．

[2] 陈晓燕．关于交际法和传统法结合并用的几点思考[J]．外语与外语教学，1998(4)：31-32．

[3] 方文礼．理论联系实际是外语教学科研改革创新的必由之路[J]．外语界，2001(6)：45-48．

[4] 方晓义，王耘，白学军．儿童合作与竞争行为发展研究综述[J]．心理发展与教育，1992(1)：40-44．

[5] 付克．中国外语教育史[M]．上海外语教育出版社，1986．

[6] 高圣兵．交际法施教过程中的若干问题[J]．外语教学与研究，1994(3)：57-60．

[7] 顾日国．英语教学法：上、下[M]．北京：外语教学与研究出版社，1999．

[8] 桂诗春．应用语言学[M]．湖南教育出版社．1988．

[9] 胡弘．外语素质的培养概论[M]．武汉：湖北教育出版社，2002．

[10] 胡文仲．文化与交际[M]．北京：外语教学与研究出版社，1994．

[11] 贾志高．论外语教学法的评价要素[J]．课程 •教材 •教法，2003(9)：46-49．

[12] 高晓燕，白俊兰．有效合作学习应注意的几点[J]．宁夏教育，2011(9)：37-38．

[13] 李秉德．教学论[M]．北京：人民教育出版社，1991．

[14] 李洪玉，何一粟．学习动力[M]．武汉：湖北教育出版社，2003．

[15] 李剑萍，魏薇．教育学导论[M]．北京：人民出版社，2000．

[16] 李晓文，王董．教学策略[M]．北京：高等教育出版社，2000．

[17] 李筱菊．语言测试科学与艺术[M]．湖南教育出版社．1996．

[18] 罗先达，尹化寅，周替主．英语教学实施指南[M]．武汉：华中师范大学出版社，2003．

[19] 庞丽娟，陈琴．论儿童合作[J]：教育研究与实验，2002(1)：54-59．

[20] 邵瑞珍．教育心理学：学与教的原理[M]．上海：上海教育出版社，1983．

[21] 邵瑞珍．教育心理学[M]．上海：上海教育出版社，2002．

[22] 王红宇．美国合作学习简介[M]．北京：外国教育资料，1991．

[23] 王鉴．合作学习的形式、实质与问题反思[J]．课程·教材·教法．2004(8)：30-36．

[24] 王坦．合作性学习的原理与技巧[M]．北京：机械工业出版社，2001．

[25] 王坦．合作学习导论[M]．北京：教育科学出版社，1994．

[26] 王坦．合作学习的理念与实施[M]．北京：中国人事出版社，2001．

[27] 吴康宁．教师是社会代表者吗[J]．教育研究与实验，2002(2)：7-10．

[28] 吴效锋．新课程怎样教[M]．沈阳：沈阳出版社，2003．

[29] 钟启荒．学科教学论基础[M]．上海：华东师范大学出版社．2001．

[30] 钟启泉．现代教学的模式化研究[M]．济南：山东教育出版社，2000．